ごきげんになる技術

キャリアも人間関係も好転する、ブレないメンタルの整え方

佐久間宣行

集英社

目次

序章 ごきげんの正体

1章 悩みや失敗から自分の本音を知る

ネガティブ悩みQ&A その1 人間関係・性格編 21

2章 ネガティブを飼い慣らそう

3章

悩みの数は仕事の「伸びしろ」

ネガティブ悩みQ&A その2 職場・キャリア編

キャリアの目標が特になくモチベーションが低いです

上司が仕事ができない人間でストレスが溜まります

職場の同僚とはどこまで仲良くするのが正解？

自分の評価を下げない上手な仕事の断り方はありますか？

上司が自分のことをちゃんと評価してくれません

上手な部下（後輩）への注意の仕方は？

出世コースから外れてしまいました。軌道修正できますか？

部下のやる気を引き出すには？

管理職です。働き方改革で損をしている世代だという気がします

独立するか、会社員として留まるか悩んでいます

4章

「積極的ネガティブ」な仕事術

5章 年代別の「諦め方」で夢は叶う

6章 僕の中の〝陰《イン》〟なヤツ

7章 他人にこそポジティブ思考

8章 「ネガティブ沼」からの守り方

9章 「ごきげん」が生きる力

特別対談 付き合いは約30年！

親友たちが語る「佐久間宣行」

序章 ごきげんの正体

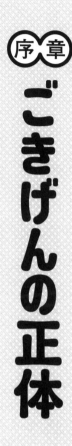

ごきげんとは、ブレないメンタルのこと

「ごきげんに生きよう」

いつの頃からか、これが僕の人生のテーマとなりました。

「ごきげん」というと、いつもニコニコしていて感じがいいとか、気持ちが弾んでいる状態、といったイメージがまず思い浮かぶかもしれません。けれど、僕の中ではちょっと違います。

ごきげんとは「メンタルが安定していて、ブレない軸がある」という状態のこと。その人が持っている生まれつきの素質や性格とは関係がないし、ましてやポジティブ思考によってもたらされるものでもない。コントロールできるものだと考えるようになりました。

こう書くと、人としての器ができていたり、何事にも動じない強いメンタルを兼ね備えているかのように思われるかもしれませんが、当然ながら全くそんなことはあり

ません。
本来、僕はネガティブな人間です。物事を悲観しがちだし、自分を低く見積もるあまりマイナス思考に陥ることも多い。それゆえに、時間をかけて悩みながら自分と向き合い、いろいろな失敗から自分を深く知り、上手な付き合い方を探してきました。

ごきげんでいることは、たとえるならば**体調を整えることと同じようなもの。**風邪をひきそうな予感がしたら、加湿器をつけたり、うがいをして喉のケアをする。こういったことと同じ感覚です。

自分の中にあるネガティブな感情や思考に気がついたら、蓋をするのではなく、心の声に耳を傾け、闇落ちする前にちゃんとケアをする。内省と正しい対応を繰り返すことで、感情に振り回されないメンタルを手に入れられるんだと思います。

「佐久間はずっと態度が変わらないよなぁ」
学生時代の友人と話しているとよく言われます。
「怒鳴ったりすることはもちろん、不機嫌なところも、怒ったところもあまり見たことがない」

仕事仲間からこんな風に言ってもらえることも、少しずつ増えました。

今、周りからこう受け止めてもらえているとしたら、ネガティブな僕なりにストレスの上手な逃し方や、人間関係のハレーションを回避する方法、感情との向き合い方を身につけてきた賜物だと思っています。

実際にごきげんであることで、生きやすくなるし、多くのメリットをもたらします。周りを見回しても、少なくともごきげんに見える人は他人に嫌な印象を与えないから人間関係がスムーズだし、部下や上司からの信頼を勝ち取っている人も多い。

最近、**トップクラスにごきげんな人とは「この人のために頑張りたい」という気持ちになる人**なんじゃないか、と思うんです。

そんなレベルまで人間性を磨くことができたら、もっとワクワクするような仕事もできそうじゃないですか。だから僕も「トップ・オブ・ごきげん」の座を目指して引き続き日々邁進中なのです。

ポジティブ思考は心のドーピング⁉

ごきげんというと、物事を何でもポジティブに捉えなければならないと考える人が多いかもしれません。

気をつけたいのは、常にポジティブであろうとすると、実はごきげんな状態からどんどん遠ざかってしまうというパラドックスです。

僕は**ポジティブ思考の人と、筋トレして自らをストイックに追い込んだり、ダイエットで美しい体形をキープできる人は、とても似ている**と思っています。

スタートしてから一定の期間は誰もがモチベーション高く取り組める。だけど月日が経過しても、モチベーションを維持できる人は案外少ないもの。努力し続ける強い精神や、成功体験といった根拠に基づいた自信がないと、結局は挫折してリバウンドしてしまうのです。

そもそも人間には、悲しみや怒り、不安など、それが発端になるネガティブ思考が常に付いて回ります。そして、ネガティブ思考によって感情はアップダウンする。
こういう**デリケートな感情を無視したり、ポジティブ思考で上書きしようとすることは、本心に蓋をしたり、自分に嘘をつくこと**にもなりかねない。ネガティブからポジティブへのギアチェンジには、膨大なエネルギーも使わなきゃいけないから、ますますしんどいはず。ブレないメンタルを持つこととは違うベクトルに向かってしまいます。

ポジティブ思考とは**「脳汁」とも言える気分の高揚や幸福感をもたらす、一種の自己暗示**のようなもの。いっときは自己肯定感が高まった気分にはなるけど、そうそう長くは続かない。維持するには、それなりの気合いが必要になります。

ポジティブ思考を常に保ち、成長できるのは、不屈の精神と行動力を持ち合わせたトップアスリートや、小学生の頃から大人になるまで競争で負け知らずの超エリート、あるいは天賦の才能に恵まれたひと握りの人間（ただ、エリートも天才も、一度挫折を味わうとあっという間にネガティブ沼に落ちてしまうという可能性はなきにしもあらず、ですが）。つまり、**ごく一部の精鋭だけ。そう割り切ったほうが気持ちがラクになるし、**

自分らしくいられると思います。

ネガティブ思考とごきげんは両立できる

「自分ってダメだな」「このままでいいのだろうか……」という自己嫌悪や不安、他人に対する批判心、劣等感といったもやもやを抱いているとしたら、こういったネガティブ思考を覆い隠して生きていくのはけっこうしんどいです。

僕自身、若い頃はいち早く「なにもの」かになれば、こういう不安やもやもやがなくなるものだと思ってがむしゃらに働きました。けれど、キャリアを重ねた今もネガティブな感情を抱えたままです。

次の企画は面白いと思ってもらえるだろうか？　自分のセンスは落ちぶれてしまってはいないだろうか？と日々悶々としています。

仕事で出会った素晴らしいクリエイターの方々に話を聞くと、やはり彼、彼女らも似たような感情を抱いていることが多い。有名無名、キャリアの長短問わず、みんな同じなのです。

そして、**どんなに経験を積んだり、成功してお金を手にしても、不安やネガティブな感情・悩みから解放されることは、一生ない。**

だとしたら、日々過ごす中でふっと湧いてくる、こういったもやもやとしたネガティブ感情や思考は、敵でも悪でもなく、むしろ**人生を伴走する相棒のようなもの**だと腹をくくって捉え直したほうがいい。

不安を常に抱えているからこそ物事に対して準備をするし、自分自身を磨き続けられるとも言える。適度な距離感を知って仲良くすれば、自分の中のネガティブな部分はごきげんでいるためのツールにもなる。これが僕の考え方です。

大切なのは、**自分がネガティブに陥るパターンを把握し、そこからメンタルを整える手段をどれだけ持っておくか**ということだと思うのです。

視点と考え方をちょっと変えるだけで、ネガティブからごきげんへの一歩は踏み出せるはず。この本を通してごきげんになる技術をぜひ知ってもらえたらと思います。

1章

悩みや失敗から自分の本音を知る

独立して3年半。仕事のフィールドが広がったせいか、雑誌『SPUR』の「佐久間Pの甘口人生相談『え、それ俺に聞く!?』」などの連載企画や、仕事、講演会などさまざまな場面で、みなさんが抱える悩み、心のもやもやを知る機会が圧倒的に増えました。

僕自身も、悩みながら自分が呼吸しやすい環境を整えてきました。だからこそ分かったことは**悩みこそ、自分の本質や本心、欲求を知るためのヒント**になるということ。**悩みの正しい活用方法は、自分の本音を知り、できるだけ自分を摩耗させない解決方法を見つけ、そしてブレないメンタルへと導くこと**なんだと思います。

真正面から向き合うというよりは、俯瞰で見たり、時に開き直ったり、賢く諦めたり。いろいろな角度で思考グセや抱えているストレスを逃す方法を考えることがポイントです。

ここでは、雑誌の連載や講演会などで僕が実際に受けた悩み相談の中から、誰もが抱いたことがあるような〝あるある悩み〟を抜粋して紹介します。ネガティブな思考グセから、自分をすり減らさずに抜け出す参考になればと思います。

ネガティブ悩みQ&A その① 人間関係・性格編

Q 世間も友人のこともつい批判的に見て、結果自己嫌悪する自分がいます。どうしたら抜け出せますか？

A ジャッジするエネルギーは自分のためだけに使う、と決めよう。

この悩みには「SNSに投稿された誰かの私服を見て『ないな』と思ったり、結婚式に出席すれば会場の音楽のセンスが占いな、などとつい思ってしまう」という具体例が添えられていました。

こういった批判グセのある人へのアドバイスは、「人間が一日にできるジャッジには限界がある。だからこそ、自分のために有意義に使うと決めよう」ということ。

スティーブ・ジョブズが一日の意思決定数を減らすために同じスタイルの洋服を着続けたように、優先度の低い物事に意識や余計な感情を使いすぎないことです。

批判的な視点自体はダメなことではありません。けれど年齢を重ねるうちにただの面倒な批判屋になり、怒りだけがたまっている人になる傾向があるように思います。そうならないために、**同時にいいところを見つけるクセもつけてほしい。**そのクセを習慣化すると、世の中での正確な位置付けや、業界や環境をよくする意識を含めた「批評」ができるようになるはずです。

メンタルを整えるためには、**批判に時間を割くより、自分がやりたいことや興味があることにエネルギーを注ぐ**ことのほうが大事。他人のことはどうでも良くなるくらい没入できることを見つけられたら、一人バトルは自然と終わるし、気持ちのアップダウンも減って、人生が豊かになると思います。

Q 付き合う相手や状況によってキャラを変えてしまう自分にもやもやします。

A 別のキャラを作ることでメンタルが整うなら、どちらの自分も大切にしよう。

僕の高校時代の話をすると、クラス内では比較的相談を受けたり、助言を求められる存在。一方バイト先では〝イジられキャラ〟。全然違いました。前者だけでは思い上がったり、弱みを見せられなくて辛かったと思うし、後者の立場があったからこそ「俺、たいした人間じゃないな」と気がつけた。今思えばどちらの自分も必要だったと思います。

一つのキャラに絞ったり、理想の姿だけにとらわれると、逃げ場がなくなるし、メンタルを壊すことにもなりかねません。だから、どちらのキャラも自分だと認めていいと思います。

ただし、大切なのは100パーセント自分に嘘をついた虚構のキャラでないこと。一度ついた嘘は大きくなるし、嘘を重ねるほど本当の自分は見せにくくなるもの。偽ったままでは当然ごきげんとは程遠くなってしまいます。もし虚構が回収できないほど肥大化して心の負担になっているのなら、清算したほうがいいでしょう。

Q SNSを見ていると心が病みます。上手な付き合い方は？
A アルゴリズムに引っ張られているだけ。冷静に使おう。

SNSでネガティブな感情が湧いてくるのは、だいたい「おすすめ」で上がってくるポストを見ている時じゃないかと思うんです。

不快感、違和感を持ったポストを「何でこんなポストするんだろう？」なんてネガティブ思考に陥りながら見ていると滞在時間が長くなります。結果的にアルゴリズムからそれを好んでいる人と判断されて、気持ちが病むものがどんどんおすすめに増えてくる。

抜け出すには**「仕組みにはまっているだけ」と冷静に理解する。**こういったアルゴリズムもそのうち改善されるかもしれませんしね。

SNS上でそれぞれの正義バトルを繰り広げているのもたまに見かけますが、そもそもSNS上で解決できる問題は限られています。言葉の投げ合いみたいな不毛なやりとりを目撃したら、**「みんな元気で何よりだ」と軽い気持ちで受け流す**くらいでいいと思っています。

Q 人前で話すのが苦手です。コミュ力を上げるには？

A 気の利いたトークで会話を盛り上げるのは上級者。まず「聞き上手」になろう。

活躍する芸人さんのトークをメディアで見て、その話術を理想としてしまう人もたまにいるのですが、相手はプロ。トップクラスのスキルの持ち主です。100メートルを10秒台前半で走るアスリートをいきなり目指すようなものなので、早々に諦めましょう。

できないことに対してもがくのではなく、まず**「聞く技術」を磨いて、会話に参加する姿勢を示す**ことも手です。そうしたら人とのコミュニケーションのプレッシャーも少し減るのではないでしょうか。

聞き上手だと思われるうまいリアクションは、**相手がどういう気分になりたいかを想像すると、案外ラクに出てきます。**

自分のトークがウケて場が盛り上がってほしいのか、タメになったとしみじみ感じてほしいのか……。話す側は、言われたい言葉やなりたい気分があって話し始めるもの。それが分かるようになると、的確に相槌やリアクションができるようになるかと思います。

人って、自分の話を楽しそうに聞いてくれる人の話は、逆にちゃんと聞こうと思うもの。「お返し」みたいな感覚かもしれません。だから聞き役に徹しているうちに話しやすい雰囲気が出来上がっていることも。

話す側になった時のアドバイスとしては、周りの友人や知人で一番面白いと思う人にまつわるエピソードを見つけてテッパンネタとして持っておくことをおすすめします。自分に自信がない人でも、他人のことだったら話しやすいんじゃないでしょうか。そうやって少しずつ成功体験を積み重ねていきましょう。

Q 昔から自己紹介が苦手です。苦手意識を克服するには？

A 「私の魅力アピール」ではなく、相手への思いを伝えてみよう。

自己紹介の場で極端に緊張したり、場にハマらなかったりウケないと落ち込むのは**「自分の良さを知ってもらいたい」という思いが先行している**ことに原因があるのかも。巷の自己啓発本には「最初の一言でキャラクターをわかってもらおう」的な文言が書いてあることがあるけれど、僕はそうは思いません。

自分を分かってもらおうとするよりも、むしろ新たにそのコミュニティに加わる思い、これまで抱いていた印象や魅力に思っていることなどを伝えてみてはどうでしょうか。

好かれるためじゃなく、相手への敬意を伝える方向に意識を転換してみると気がラクになると思いますよ。

Q 推し活に夢中になるあまり推しと身近にいる恋愛対象を比べてしまいます。どうしたら現実とのバランスが取れますか？

A 推せる喜びを噛み締めていい。ただし、誰かと比べるのはやめよう。

「推し活」という言葉がここまで浸透してきたのはまだまだ最近の出来事。現実世界とのバランスが取りにくいと感じるこの悩みからは、何かに夢中になった経験自体が浅い可能性があるなと推測できます。
現実とのバランスがそれなりに取れている人は、おそらく10代、20代前半に夢中になった時間があるから。**経験の問題**なんですよね。だから徐々にバランスが取れるようになるはずです。

ただし**避けたいのは、推しと周囲の誰かを比較すること。**そもそも「推しは最高で最強！」でいいはず。なのに「推しに比べて会社の男性は……」とか「推しに比べて○○○は……」など、比べるクセをつけてしまうと人生が楽しくなくなるので気をつけましょう。

好きなものを絶対視して、周囲の人間をパラメーターやスペックで見始めると、態度にも出てしまうし、結果的にその刃は自分に刺さってくる。人生を不幸にするだけなので、比べるクセはなくしていってほしいですね。

ただただ「好き」でもいいけれど、「なぜこんなにも夢中なのか？」とか「どの面に惹かれているのか？」など、推しを通して自分の感性を把握できると、現実を生きることが自然とラクになると思います。

夢中になれるものがあって、推しと同じ時代を生き、活躍や変化をリアルタイムで見られているとしたら、それはとても幸せなこと。推しが戦国武将だったりしたら、好きになっても表現方法は限られてしまいますから。

Q 留学や引っ越し、転職……。やりたいことはあるのに、行動できてないことばかり。こんな自分にがっかりしています。

A 自分が楽しいと思える「ちょっとした冒険」から踏み出そう。

忙しすぎて、僕にもこういう時がありました。が、「これはいかん」と思い立ち、行きたいと思っている先々の舞台やライブのチケット、レストランの予約などを強制的に取ってスケジュールに入れるようにしています。

どんなに多忙でも実際に足を運んで後悔したことは、ほぼありません。人は、「経験の積み重ね」によって学ぶ生き物。楽しい経験から行動力が生まれ、ひいては人生を豊かにすると思います。

身近にいる行動力がある人と一緒に動くのもありだし、そこまで行動しなくとも、自分が好きなジャンルに詳しい人をSNSなどで見つけてアクションを起こすだけでも変わるはず。僕は過去に演劇や音楽について発信する人のSNSをリポストしたことがきっかけで距離を縮めたり、DMが来て知り合いになったりしたことも。**自分の中の楽しくて小さな冒険から挑戦**してみましょう。

Q 愚痴や自慢話など、興味のない話に付き合わされるのが苦痛です。

A 「そうなんっすねー」と、「無」の表情&極薄リアクションを連発して興味がないことを分かってもらおう。

こういう状況になったら、**自分の精神衛生のためには相手にそれとなく態度で示して距離を取る**しかない、というのが僕の考え。経験上、この極薄リアクションを4回くらい繰り返していると、だいたいの人は話をやめてくれるはずですよ。

気まずくてそんなことやりづらいよ！という人は、相談ごとを持ちかけるフリをして、話をかぶせて話題をすり替えてみてください。

失敗や挫折から自分を知る

自分なりに経験を積んだ今だからこそ、こういった悩みに対してアドバイスをすることができるようになりました。けれど、僕はさまざまなネガティブ悩みを打ち返せる鋼のメンタルの持ち主ではありません。いろいろな失敗を通して、自分ってダメだなぁと思い悩むことの繰り返しでした。

ただ、今になって思うのは**失敗や挫折があったから、自分自身をより深く知ることができた**、ということ。失敗したのはどんな思考、感情、行動パターンにはまっていた時なのか。自分の中の何が原因で起きたことなのか。**失敗を通して自分への理解が深まると、自分の操縦方法を一つ身につけられる**ことになる。このことに最初に気がついたのは、大学2年の時でした。

大学では、入学式にたまたま勧誘された「早稲田大学広告研究会」というサークルに所属していました。たかがサークルではあるのですが、この活動が想像以上に多忙だった。当時僕らは一丁前にスーツを着て、学園祭やサークル運営のためのスポンサー集めに奔走していました。広告研究会の活動、大学の授業、アルバイト、この三つをこなすだけで毎日はあっという間に過ぎていく——。

その一方で、僕にはどうしても確保しなくてはならない大切な時間がありました。それが、上京するモチベーションでもあったエンタメに触れること。当時も、そして今でも、映画や演劇などエンタメ作品の世界に浸ることは、僕にとって最高の楽しみで、無くてはならないもの。

限られた時間の中で、何を諦め、何を優先させるべきか？　取捨選択を迫られた結果、授業に出るのをやめてしまったのです。

授業から（勝手に）解放された僕は、平日の昼間から心おきなく映画館に足を運び、劇場の窓口に並んで人気の舞台の当日券をゲットして観劇。あちこちで開催されるライブやフェスにも足を運び、エンタメという趣味に没頭しまくりました。

その当然の代償として年間でたった2単位しか取れず、即留年が決定——。そして、運営まで携わっていた広告研究会も、寝坊がきっかけで辞めることになってしまった。

当時はさすがに自分の不甲斐なさに落ち込みました。

昔から薄々気づいてはいたけれど、広告研究会を辞めたことや留年によって、はっきり分かったことがありました。それが、僕は基本的には「楽しいことしかしたくない人間なんだ」ということ。そしてそういう弱さや甘さがあるということ。それに加えて昔から、「ダメならまぁ、仕方ないいか」と割り切れる、悪い意味での諦めのよさも持ち合わせていた。

「楽しいことしかしたくない。それによって何かダメになっても仕方ない」という気質を抱えている人間が流されるように生きていたら、大学も卒業できず、ロクな人生にならないんじゃないか？

そんな危機感とネガティブ思考がむくむくと立ち上ってきました。

この時、自分は**簡単にドロップアウトしやすい人間だからこそ、ちゃんとケアして、セルフコントロールしなければ**……と考えるようになります。自分のことを捉え直した最初のきっかけでした。

失敗の「質」を上げる

時々、講演などで「**失敗は、自分自身を検証する場**」とお話しすることがあります。

これは、(若いうちは特に)**失敗から自分という乗り物の個性やクセ、扱い方を意識的に知ろうとする姿勢を持っておく**といい、ということ。そうすることで仕事上の苦手なことやストレスが溜まること、自分のメンタルがダメになる耐えられないことを避けられるようになる。**結果、大きな失敗やメンタルのブレも回避できます。**

失敗は残念ながら何度か訪れるけれど、その都度、失敗によって得られる情報から、「失敗の質」を上げていってほしい。

同時に**「再起できないほどの致命傷になる前に失敗できてよかった!」という気持ちも忘れずに持っておく**こともおすすめします。

2章

ネガティブを飼い慣らそう

心に疼《うず》く「面倒くさい」を手なづける

ネガティブな思考グセや自分の弱点に気がついたら、僕はそれらとうまく距離を取って、付き合っていくというステップを踏んできました。

たとえば、僕にはネガティブな口グセがあって、それが「あぁ、面倒くさい!」。口グセといっても、もちろん表には出さずに、できるだけ心の中に留めるようにしています。

日々、どこからともなく湧いてくる「面倒くさい」という感情。それに飲まれてしまうと、再びやる気を出すには、ある程度の時間やエネルギーを要します。だからこそ、コイツ(「面倒くさい」という感情)と**うまく折り合いをつけ、上手に飼い慣らすことを覚えました。**

僕にとってのベストな打開策は、**「小さなごほうびの予定」を作ること。**美味しいものを食べに行くことや、映画や演劇といったエンタメに触れることを、忙殺の山を抜けそうなタイミングにあらかじめブッキングしておくのです。

仕事が立て込んできて「面倒くさい」が発動し始めたら、**すかさずごほうびがあることを思い出し、自分で自分の機嫌をとる**ようにしています。

ちなみに、僕は自分の記憶を一切信用していません。仕事の可視化とうっかりミスを防ぐため、スケジュール管理はすべてGoogleカレンダーにアウトソーシングする派。収録・取材は赤色、打ち合わせと会議は青色、企画の考案や原稿の執筆はオレンジ。そして、映画の公開や舞台の公演などプライベート色の強いごほうびは緑色で色分け。

ぱっと見て、Googleカレンダーが仕事関連の赤色、青色、オレンジで埋め尽くされたら、危険信号。そのうち「面倒くさい」がひょっこり顔を出します。ネガティブスパイラルの根源を断ち切るためにも、すかさず緑色のごほうびゾーンを無理矢理にでも作っています。

大好きな仕事でも、やりがいがあるプロジェクトでも、そしてどんなに仕事がデキる人でも、生活が「やらなければならないこと」で埋め尽くされると、気分は沈んでしまう。結果、何のために働いているのか分からなくなってしまいます。

だからこそ色分けされたＧｏｏｇｌｅカレンダーで己の状態を予見し、そうならないために自分を釣る。スケジュールの中に、映画、舞台、サウナと銭湯などなど、**小さなごほうびを海のブイのごとく浮かべ、気分をホクホクさせておく**のです。

そしてこの「面倒くさい」には、もう一つ対応策があります。それは時々ちゃんと口に出す、ということ。この場合、**あまり深刻に受け止めない人に聞いてもらうのがいい**と思っていて、僕にとってその相手が妻。口に出しながら自宅でグズグズしていると、「さっさとやりなさい！」「とっとと出かけなさい！」と、エールを送られる、というか尻を叩かれる。そんな日々です。

Ｇｏｏｇｌｅカレンダーでメンタル管理

「面倒くさい」を例に出しましたが、その他のメンタル全般の管理にもスケジュールアプリは使えます。僕はこれを20代の頃から実践中。すっかり習慣になりました。

きっかけは、ＡＤ時代の仕事があまりにキツく、自分を見失いそうになった経験。

僕がテレビ東京に入社したのは1999年、23歳になる年。入社してすぐ、深夜ドラマ班の配属になりました。深夜ドラマは、基本的にはADのポジションが最低でも4人いないと立ちゆかない現場。にもかかわらず、当時、激務によって体調を壊したり、現場から失踪までする人が続出し、問題なく働けるADは、まさかの僕一人だったのです。

配属初日から5日間は会社に寝泊まりし、その後も週3日は徹夜……。今となってはコンプライアンスに完全に引っかかる現場だけれど、20年以上前は、こういう無茶な働き方がわりと普通にまかり通っていました。

もちろん予算もないから一人ひとりの労働負担が増えて不満が募るし、歯車がうまく噛み合わずにピリピリしているから、パワハラのようなことも頻発。

現場は完全に崩壊していたにもかかわらず、僕はそれが「テレビ業界の働き方」だと思っていました。なにせ就職して初めての現場だったからその世界しか知らず、破綻していることにすら気づいていなかったのです。

必死に働きながら、一方で「こんな状態が今後もずっと続くのか……。会社員、やっていけるのかな」と絶望していました。当時を振り返ると、よく辞めなかったなぁと思います。

2クール（6ヶ月）続くドラマが終了した入社1年目の年末年始――。僕は仕事との向き合い方をちゃんと見直そうと決めました。じゃないとすり減っていくばかりで、自分を見失いそうだったからです。

そのために始めたのが、上司に相談するでもなく、先輩や同期に不平不満を愚痴るでもなく、**スケジュール帳に簡単なメモ程度の日記をつけること。**まずは**自分がどういう状況に置かれているのか、客観的に知ろうと思った**のです（正直に言うと、あまりに激務だったので、何かあった時のために事実を記録しておこう、という気持ちは少なからずありました）。

書いていたのは、「担当番組の進行がうまくいった」というような**嬉しかった出来事。**それとは逆の、**落ち込んだことやムカついたこと、改善していきたい点**など。あとは、体調についても1行程度で。これをできるだけ毎日書くようにしました。

数ヶ月続けてみると、スケジュールとその時の自分の状態から、「これくらい仕事が詰まるとメンタルをやられるな」とか、「こういうプレッシャーがかかると不眠になりがち」など、体調や精神面で不調に陥りがちなタイミングが客観視できるようになりました。

人って、自分が思っている以上に外的要因によって感情が浮き沈みするもの。僕は、メンタルが落ちる原因が日記によってクリアになったことで、ネガティブな感情にハマって悶々と悩むことがぐんと減ったのです。

生きている限り、そして自分のメンタルを把握しようと思わない限り、人は一生通して自分の機嫌や不安に振り回され続けてしまうもの。だからこそ、ネガティブな状態に陥る時、反対にメンタルがいい状態の時はどんな出来事があった時なのかを日記という客観的なデータから分析する。これはごきげんに生きる上で、とても大切なことだと思うようになりました。

メモると見えてくる、自分の本質

感情をメモるという行為によってメンタルの状態を客観的に把握することができたから、ネガティブの袋小路や不機嫌という落とし穴にもハマらなくて済んだし、自分の本質に気がつけたのだと思います。

Googleカレンダーで予定を管理するようになって10年以上になります。今では文字を読まずともその週全体の色のトーンを見ただけで、「企画の考案など、じっくり練る時間（オレンジ）が足りてないな」「収録や取材の赤色ばかりだから、疲れが出そう」といったように、自分が置かれている状況が把握できるようになりました。

さらには「夜は青色ばかりで外食が続いているな、節制しよう」なんて健康管理までできて一石二鳥。

ちなみに、日記メモを実践するのは色分けできるGoogleカレンダーなどアプリがやっぱり便利だけれど、愛用のスケジュール帳に書き込んでもいいと思います。自分の心の状態を、毎日の予定と一緒に把握できるものをおすすめします。

自分を下げる言葉を多用しない

だいたいのネガティブ思考は、上手に利用すれば自分のごきげんを保つために活用できます。一方で気をつけたいのが、自分を**ダークサイドに陥れるネガティブ思考もある**ということ。

たとえば、「**そこそこ**」とか「**身の丈に合った**」という枕詞をつけて自分のことを話したり、考えたことはないですか？　こういった言葉を無意識に発したことに気がついたら、少し立ち止まってもいいのかもしれません。

なぜなら、そう語る言葉の裏に、**現状に満足していないにもかかわらず、自分で自分を納得させているようなニュアンスを感じる**からです。「本当はもっとやれるはずなのに……」という思い、どこかで人生の選択に妥協して、後悔していることはないか、一度考えてみることをおすすめします。

だって、きつめの冗談が通じる友人は除いて、他人に対して「〝身の丈に合った〟暮らしをされていますね」とか「〝そこそこ〟いい会社にお勤めですね」なんて、失礼すぎて言わないはず。つまりこの言葉は、**自分に対して失礼な態度をとっている**、ということになるのです。

こういう自分を下げる言葉や思考は、**失敗するのが怖いから本気を出さない**とか、**できなかった時の言い訳をたくさん用意しておく**、という**マイナスの行動を引き寄せがち。**

そういう言葉を聞くと、僕は才能や無限に広がる可能性に自ら重りをつけているようなものだと思うのです。

「初めての〇〇」を意図的に作る

こういう思考から脱するための解決策として、**新しいことに挑戦する**のは一つの手。それは習い事でもいいし、副業だっていい。**知見がないという立場に身を置いて、まっさらな状態になれる場所を見つける**ことがポイントです。目新しい環境に飛び込んで教えてもらったり、時には恥をかいたりして謙虚な気持ちを取り戻すと、視野が広がる。新たな気づきも得られると思います。

仕事でも、同じ職場に在籍している期間が長いと、だいたいは高慢になってしまう。馴れ合いも出てくるし、妥協だってしがち。結果、惰性で仕事していた、なんてことにもなりかねません。

会社の部署異動も、たとえ心から望んだものではなかったとしても、自分を新しい環境に置くという点では、きっとポジティブな作用があると思います。あるいは、同じ部署内でもいつもは別の人がやっている雑用や作業を、あえて自分がやってみる。そうすると、自分と他の人との仕事の進め方の違いが見えてくることもあるでしょう。

僕の場合はやはり独立で働く環境が変わったことが大きかった。テレビ東京から飛び出して、他局や配信系のプラットフォームでの仕事をさせてもらうことで、同じ制作でもいろいろなやり方、考え方があることを学べました。

新しい場所、新鮮な環境に自分を置くことで、意識と習慣は変わります。結果、今までは気づいていなかった人生の可能性が広がることは、必ずあるだろうと思うのです。

嫉妬心は「好き」で上書きする

『SPUR』2021年11月号の企画で、『週刊少年ジャンプ』の中野博之編集長から質問を受けたことがあります。「編集長の立場になってもなお、他誌はもちろん、後輩が担当する作品が面白いと漫画に携わる人間として『羨ましい』とか『悔しい』と思うことがあります。佐久間さんは、自分が関わっていない作品に対し、嫉妬することはありますか？　嫉妬の炎とはどう向き合っていますか？」と。

僕自身、攻めた企画や面白い番組を見ると、「うわっ、やられた！」と思うし、ラジオパーソナリティを始めた頃は特に、人気芸人さんの声が流れてくると、その巧みな話術を誇示されているようで、大好きなラジオを聞くのが怖くなったこともありました。

輝かしいばかりの才能を見せつけられたり、羨ましくなるような成果を上げている人を見れば、正直、心はザワつく。そういう時こそ僕は、自分自身に**「才能ある人と比較して、自分は確かに劣っているだろう。でも、だからといってこの仕事を辞めるのか？」と、問いかける**ようにしています。

それに対する答えは、「僕は天才ではないけど、この仕事が好きだから辞めない」という強い気持ち。面白いものがどんどん生まれるエンタメの世界の一員であることが僕にとっては何より嬉しいことだし、誇りを持ちたいという気持ちもあるからです。そう確認することで、嫉妬心が消えてゆくのを感じます。

劣等感と優越感は表裏一体

何かと比較したり、嫉妬する気持ちって、**成長するための起爆剤にはなるけど、持ち続けるとドロドロの感情になってしまう。**さらに、少し厳しい意見を言うと、他人と比べて劣等感を抱く人って、つまるところ、自分よりも立場が弱い人に対して優越感を抱きがちなんですよね。

たまにいるんです。「俺は上司に叱られ、時には罵倒され、その時のコンプレックスをバネに生きてきた。だから立場が弱い人にはやさしいよ」と言う人が……。だけど、僕は決してそんなことはないと思っていて。**人間の心理は表裏一体。**劣等感と優越感も実は同じで、**劣等感を抱いているのに、優越感を抱かない人間なんていない**と思うのです。

だからこそ、誰かに対して優越感を味わうような人になりたくないから、劣等感を抱く人間にはならないようにしようと強く心に決めています。

一番の推しは、「ごきげんな時の自分」

ネガティブを飼い慣らし、メンタルを管理することと同時におすすめしたいのは、「**安定している状態の自分を好きになる**」こと。どんな自分もまるごと愛そうという大袈裟なことではなく、**機嫌がいい状態の自分を応援するイメージです。**

自分が陥りたくないのはどんな状況なのか、いい状態を保てるのはどんな時なのか。内面と対話して自分を把握し、いいメンタルの状態が続くような日々の過ごし方を研究してみましょう。

そして、好きなことや興味のあることを見つけて、没入することを体験してください。なぜなら、この**没入という経験を経ることで、初めて本当の自分像が浮かび上がってくる**から。

自分のことを俯瞰で見る視点は、自分に没頭したことのある人が持てるもので、やりたいことに夢中になった先でしか得られません。逆に**体験しないまま俯瞰で見ようとすると、自分の本質を見落としてしまうことになる。**そうなると、浅いレベルでの理解で終わってしまうし、自分のことを見誤ったままで生きていくことにもなりかねない。

僕も、はじめからこういう視点をマスターしていたわけではなく、経験を積み重ねてやっと分かるようになりました。

自分に没入して検証した結果、自分にとって好きなこと、大切なこと、我慢できない苦手なことなどが分かり、そのうちどんな時にごきげんでいられるのかがより解像度高く理解できるようになると思います。

3章

悩みの数は仕事の「伸びしろ」

仕事に関する悩みもしょっちゅう相談されるようになりました。その多くは、合わない上司や苦手な人といった人間関係、メンタルを削がれる目の前の業務、これからのキャリアについてなど。僕自身も特に若い頃は散々悩みました。

社会人になってからは、仕事に携わる時間が人生の大半を占めます。だからこそ仕事の悩みは蓋をしてひたすら我慢するのではなく、しっかり向き合って適切に対応しましょう。自分がごきげんで仕事をしていると（自分がすり減らない程度なら〝フリ〟をするだけでもいいです）、僕の経験上、さまざまなことがうまく回り始めます。

仕事で不満を抱えて不機嫌そうな人、態度が横柄な人よりも、自分の状況や感情をコントロールできている人のほうが誰しも一緒に仕事をしたいものですから。

この章でも、実際に寄せられた悩みをいくつかピックアップしてみます。仕事の悩みに向き合うことは、職場ストレスが解消されるだけでなく、結果、キャリアアップする可能性が広がっていることもあるはず。だからこそ、少しでもごきげんに仕事をするためのヒントを見つけてもらえればと思います。

ネガティブ悩みQ&A その2 職場・キャリア編

Q キャリア上の目標って言われても実は特にありません。こんなモチベーションでもいいのでしょうか。

A 高いモチベーションを保ったまま成長し続けられるのは一部の精鋭と割り切ってOKです。

ポジティブ思考と同じように、たとえば大谷翔平選手みたいなトップアスリート、不屈の精神と行動力を持つ人ならモチベーションを保ち続けて成長できるのでしょう。だけど僕には無理でした。ましてや10年後、20年後のキャリアを思い描いて、**頑張り続けることなんて、普通の人間にはまずできない**と認識したほうがいい。

じゃあどうするか？　職場や周りの先輩を見回して**「誰がいきいきと働いているのか？」をじっくり観察**してみましょう。同時に「職場での避けたい立場や、働き方」

も周りの人をサンプルに考えてみるといいと思います。そして、前者と後者は何が違うのかを見極めてみる。**身近で具体的に「なりたい人」「なりたくない人」を見つけると、働くモチベーションを持ちやすくなる**と思いますよ。

Q 上司は仕事ができない人間です。考え方や仕事の進め方も合わなくて、ストレスが溜まります。どうしたら?

A 己の意見や感覚が100パーセント正しいと思わないこと。それを踏まえて客観的に上司を観察してみよう。

僕の場合、嫌な上司はネタの宝庫。**「コント・嫌な上司」と頭の中で設定して面白おかしく客観視して乗り切る。**そうすると気持ちがラクになるんですけど、それでも毎日接するとなるとストレスになりますよね。

仕事ができない(と一方的にジャッジしている)上司や、意見やセンスが合わない人と働く時に大事なのは、**まずフラットな視点で相手を観察する**こと。どんな時に考え方が合わないと感じたのか、仕事の進め方で違うと思ったこと、あるいは上司が調子に乗ったり、怒ったりする時などがあればそれもメモで残しておく。

メモを数ヶ月後に読み直し、明らかに上司に問題があると判断したら、論理的に理由をまとめ、さらにその上の上司に相談をしましょう。

同時に誰かを批判する時は自分も精査しないといけません。なぜ意見が合わないのか？　自分も工夫や改善が必要なのでは？という冷静な視点も忘れずに。

訴えがわがままと思われない理論武装をした上で、行動しましょう。

Q　職場の同僚とはどこまで仲良くするのが正解？　友達みたいに接せられると違和感があります。

A　職場はお給料をもらうところ。「友達なんてできたらラッキー」くらいのゆるい感覚で。

僕自身も20代の頃はもやもや期がありましたが、30代以降は解消されてずいぶんラクになりました。

きっかけは20代後半の頃。仕事で十分疲れるのに、職場の人間関係の細かいことまで気にしていたら、ますます疲弊してしまうと思い知りました。仕事相手としては信用できる人でも、人間として信用できるかまで持ち込むと、傷つくことも多い。だから**職場の付き合いは〝仕事仲間〟と割り切った**んです。

それは、**壁を作るわけじゃなく、ベタベタしすぎず、尊重し合う**ということ。具体的には仲間のいいところ、好きな部分を見つけておき、タイミングを見てちゃんと褒める。

少し照れるけど、職場の人から褒められるのって実は嬉しいもの。そのうち自分にも褒めが回ってきて幸せが連鎖し始めると、職場の雰囲気も良くなると思います。

あとは**仕事仲間から趣味の話がポロッと出た時に興味を持つことも大事。**くだらないことで話が盛り上がり、関係が深まることもあります。こうしておくと馴れ合いにならない、礼儀をわきまえたいい関係が築けるんじゃないでしょうか。

Q 断るのが苦手な性格です。仕事も頼まれるとつい引き受けてしまい、後悔することも……。自分の評価を下げない上手な断り方ってありますか？

A 断るジャッジポイントを添えて、感情を入れずに伝えよう。

「こういう方針で仕事をしてるので、(あるいは今こういう状況なので) 残念ながら今回はお受けできない」というように、**断る際のジャッジポイントをはっきり提示して感情を入れずに伝えましょう。**そうすると相手にも理由や事情が理解してもらえるはずです。

断る前に条件交渉をしっかりしておくことも後悔しないポイントになると思います。

Q 上司が自分のことをちゃんと評価してくれません。

A 自己評価は合っていますか? 自分の周囲からのイメージを調査しよう。

人って案外自分のことは見えていないものだし、職場の上司や同僚も周りの人の思考を100パーセント理解してはいません。「評価されてない」と思ったら、まずは**自分がどんなキャラクターで、どれほどの実力があると思われているかを正しく把握**

することから始めましょう。

直属の上司だと聞きづらい場合があるので、たとえば前の部署の上司や自分の働きぶりをよく知る先輩に「自分はどんな部下でした？」「どう思われていました？」と率直に聞く。たぶん**予想していた自分像と異なる答えが返ってくるはず。その姿こそが仕事上での自分の真のキャラクター**と理解しましょう。

同時に押さえておくべきことは、上司の信頼や評価を勝ち取る一発逆転の方法はない、ということ。「メールの返信がとにかく遅い」なら迅速に、「行き詰まると感情的になる」なら平常心でいることを心がける、など基本的な仕事のマナーをクリアしているかどうかも見直してみましょう。

キャラクターは**日々の行動の積み重ねによって、人格になっていきます。まずは業務上の人格者＝「ビジネスいい人」を目指す。**一ヶ月ほど続けていくと、印象はどんどんよくなるはずです。

Q 仕事で部下（後輩）を注意したら距離を取られるようになりました。上手な伝え方ってありますか？

A 注意する前に、日頃から褒めておくことが実は大切。

僕は、褒める・評価する以前に、後輩や部下を注意することは極力しないようにしています。なぜなら自分を認めてくれているか？　どこを評価してくれているか？を理解できていると、指摘されたほうも素直に聞く耳を持てると思うから。

要は注意する前に信頼関係ができていることが大切なんです。だからこそ注意する側も日頃から信頼される仕事をすること。そして人の欠点ばかりを見ないこと。

僕の経験上、アラ探ししかしない上司はスタッフを活かすのがうまくない。ある程度の年次になると一緒に働く人が本気を出してくれる存在であるかどうかはとても重要です。仕事だから基準さえ満たせば文句は言えないけれど、プラスアルファの仕事をしてもらえる存在になってくれるかどうかは、成果に大きく響くはず。

注意をする場合、ケアレスミスならチェックシートを確認するくらいの感覚でその都度伝え、**怒るまでもないことは〝笑い〟に変えます。**「またそのクセ出たぞ」などとつっこむくらいのイメージで。

もう少し深刻なケースの場合は、説教ではなく「今後の大きなトラブルを避けるための情報」という説明の仕方をします。さらに根本的な考え方から注意する必要がある時は、**個別に文書で。**これは僕自身への戒めでもあって、スクショや転送される可能性があるからこそ、推敲もでき、**伝え方にも歯止めがかかる**からです。

Q 気がつけば出世コースから外れてしまったようです。今から軌道修正はできるのでしょうか？

A 時代の流れは早い。5年後、10年後もそのコースが出世と言えるか見極めてみよう。

社内の主流から外れても、30代なら修正できることが多いのではないでしょうか。上司に意見を伝えたり企画書を提出するのもアリですが、それよりも**大事なのは習慣を変えること。**前述したように自分のキャラクターを把握しつつ、「ビジネスいい人」になれているか？の点検を忘れずに。並行して**今、出世コースだと思う業務が、5年後、10年後も会社のメインストリームかどうかを見極めましょう。**あなたが今いる場所にチャンスが巡ってくることもあるはずです。

それでも今のポジションでは評価されないと思うなら、自分に合う別の部署を見つけるのも手。マッチングが成功するかは別として、収入を確保できる自信があれば、一度きりの人生だから転職したっていいと思います。

Q 若手の部下とモチベーションにギャップがある気がします。やる気を引き出すにはどうしたら？

A 世代間の断絶は確実に存在する。埋まらないと考えてイライラせず行動を。

やる気を引き出すには、精神論を熱く説いても伝わらない。**強要は逆効果です。**これはもう、誰よりも自分が準備して結果で見せるしかなくて、「大変な仕事の中にある楽しさ・面白さはこれだよ」とそれとなく伝えましょう。

たとえば僕のような仕事では、自らもアイデア出しに加わって芸人さんと切磋琢磨してコンテンツを作ると、喜びや達成感が共有できる。こういう経験を小さなものでもいいからしてもらう。

特に20代は準備や雑用など目に見えない仕事が多いから、それが**将来のやりがいある仕事につながっていることを体感してもらう**ことも大切だと思っています。

また、彼らが2、3年後にたどり着きたい場所を共に考え、その場所と今の仕事の共通点を見つけることも有効でしょう。

進行の過程ではそれぞれのストロングポイントを見つけて伸ばしつつ、マズい方向に行きそうなら個別で注意し、結果を出したら全員の前で褒めることも忘れずに。

その一方で、**上司自身も替えがきかない、軽んじられない人間になるためにも、常に進化する必要がある**と僕は思います。

Q 管理職です。働き方改革で部下に仕事が振れないぶん、自分が働く

羽目に。結局自分の世代は損してる気がします。

A 虚しくなった時こそ、あなた自身の〝好き〟を見つめてください。

僕らが20～30代の頃は組織や上司のパワハラめいた命令や発言も多かったし、お祭りみたいなノリについていかないといけないような風潮がありました。体質が古いテレビ業界は特にそういう行いが日常茶飯事でもありました。

僕自身は、内心「パワハラしながら番組を作ってるダサい上司や先輩よりも、ハラスメントとかせずにめちゃくちゃ面白い番組を作るぞ！」と仕事に励む一方で、「(上司や先輩の）船に乗り続けても明るい未来はないな」と判断したら、下船していったタイプ。さぞかし鼻につく部下だったと思います。

当時を振り返ると、若い世代からは「ネットの幕開け期だし、どの業界もパワー全開で面白そう」と羨ましがられることも。伝説の「ダウンタウンのガキの使いやあらへんで！」のフリートークを毎回リアタイできたし、ファミコン（ファミリーコンピュータ）から始まるゲームの進化を全部追えている。そのすべてが自分を形成する上で不可欠な宝物です。結局、どの世代であっても良い面もあれば、苦しいこともあるものです。

虚しくなった時には、**辛いことばかりでなく、これまでのいい出来事を振り返ったり、あなた自身の好きなものを思い返してください。**きっと今の生き方じゃなかったら、出合えなかったものばかりだと思います。

あとは虚しくない気持ちを、一時的ではなく恒久的に保ちたいですよね。それには仕事でも趣味でもいいので、**好きなこと・逆に耐えられないことを知りましょう。**

人生を楽しむには準備が必要で、そのためには常に「自分を見つめ直す」作業が必要だと思うのです。

Q 会社員ですが個人でも配信ビジネスをやっていて、軌道に乗っています。センスを活かしてこのまま独立するか悩んでいます。

A センスと同じくらい大切なのは、批判に耐えうるメンタルコントロール力。自分にはそれがあるか見極めよう。

現代はＳＮＳなどを使いこなして、世に出るチャンスが大いにある。ならば早い段階で第一線に立っていいし、その器用さを、僕はスゴいと思っています。

若いうちから輝ける人とうまくいかない人に才能の差は当然あるけど、個人的にはメンタルをコントロールできるか否かもあるのかな、と。**すぐに作品を発信できる場があるからこそ、常に批判や非難と隣り合わせ。**ある程度メンタルが強いか、そうでなくとも周りの雑音や負の感情を上手に逃がせる人なら乗り越えられる。そういう資質を持っていないと途中でつぶれることにもなりかねません。

自分はどちらかを判断し、メンタルコントロールに自信がなければ**組織のメリットをまずは存分に享受してもいい**と思います。先輩や組織の知見とコネ、社会保障などのリソースを利用し、**社会人としての経験を積んで、力をつけてから独立を考えてもきっと遅くはない**はずです。

④章

「積極的ネガティブ」な仕事術

「ネガティブワクチン」を打っておく

僕は仕事に向き合う時は楽観的な要素をできるだけ排除して、積極的にネガティブ思考になるようにしています。

不安やリスク、失敗――。こういったことに自分のメンタルがやられないように、あらかじめ考えられるネガティブ要素を想定して、できる限りの対策をしておく。仕事での僕なりのメンタルの整え方が、**あえてネガティブになる、むしろネガティブ思考や感情を活用する**、ということなのです。

それはたとえて言うなら、**「ネガティブワクチン」を打っておく**ようなもの。

たとえば新しいコンテンツを立ち上げる時。僕の場合はまず、「見るヤツなんかいない」と絶望的観測をします。スタート時に**最悪のシチュエーションを考え尽くした上で、成功させるための作戦を練る**のです。

2019年4月にスタートしたニッポン放送のラジオ番組「佐久間宣行のオールナ

イトニッポン0（ZERO）」。「僕のような素人のおじさんがただしゃべる番組なんて、普通にやったら1年で終わるだろう……」と、悲観的に捉えるところから始めてみました。「ネガティブワクチン」を打った上でたどり着いた答えは「会社員で家庭を持つおじさんにしかできない話をする」ことでした。

その結果、錚々《そうそう》たる他のパーソナリティが経験したことがない会社員時代の話や、生活感満載の家族の話をするように（リスナーの多くは会社員ということもあり、想像以上に共感してもらえたのは嬉しかった）。おかげさまで6年目に突入しています。

2021年7月にYouTubeを始めた時もそうでした。YouTubeは、他のメディアも手がけている人間が参入するにはとてもシビアな世界。なぜなら、人生をこの場所に捧げる覚悟を持っていて、ならではの強みを持っている人しか最終的には成功しないフィールドだから。

それだけに「さまざまなプラットフォームに携わっている僕は、ともすると片手間でやっていると受け取られるリスクもあって、一番成功しない部類の人間だな」と悟り、集中して作戦を練りました。結果、「佐久間宣行のNOBROCK TV」のコンセプトは「地上波を知り尽くした上で、地上波ではできないふざけた企画を本気でやる」。ＹｏｕＴｕｂｅ上でもやりたいことがちゃんとあるんだ、という熱量をぎゅうぎゅうに詰めて、コンテンツを作っています。

この思いが伝わったのか、応援してくれる人もだんだんと増えて、２０２４年6月現在では登録者数２００万人を超えました。ありがたいし、嬉しく思います。

ポジティブ思考は油断になる

そもそもなぜ、ネガティブ思考で物事を考えるようになったんだろう？と振り返ってみる。理由はきっと、20〜30代の頃に**自分をポジティブに見積もりすぎた結果、失敗した人をたくさん見てきた**からかもしれません。

この場合の**失敗とは、「努力しなくなる」ということ。**

あえて辛口に書くならば、飲み会やキャバクラ通いなど、ノリがよくて華やかな接待などに重心を置いた結果、仕事人としての手持ちの武器（＝得意分野）を磨くことを後回しにする。武器の耐用年数が過ぎたことに気づかず、感覚が時代遅れになっていく。自身の得意技がいつまでも通用すると思って、別の新しい技を用意することを怠けてしまう……。ポジティブと油断が同義語になってしまったがゆえに、実際にそうなる人が少なくなかったのです。

テレビ業界には才能が溢れる人がいくらでもいる。そんな中で僕が自分の持てる武器を生かしてどんな仕事ができるのか?を考えた時に、ネガティブな視点で己を低く見積もって対策を練らないと、結果を残せないだろうと思った。成果を出さないと、次にやりたいことのチャンスも摑めないと考えたのです。

さらに言うと、現状にあぐらをかいたままでは、たまにチャンスが巡ってきたとしても、武器が使い物にならなくて空回りしたり、不発に終わる——。よほどの天才でない限り、自分の手持ちの武器をちゃんと理解して磨き、得意技を増やしていく作業と経験を積まないと、40代以降に勝負できない人間になる。そんな危機感を抱いていました。

時には調子に乗ってもいいのかもしれません。だけど、僕の場合は地に足がつかなくなった時点で、世の中の感覚とズレていくのではないか?という不安や焦りがつきまとう。

それを回避するために、自分を俯瞰で見ることを常に心がけ、一歩ずつ進んでいるのかもしれません。この**ネガティブワクチンのおかげで、無謀を無謀のままにするのではなく、着実なものに変えられた**とも思っています。

反対に、周囲から向こう見ずだと言われながらも愚直に夢を見る人もいます。こういう人が猪突猛進で挑戦した結果、特大の場外ホームランを打つような奇跡を起こしたり、大成功を収めることがあるのも事実。

残念だけど、僕はやっぱりそういう天才肌だったりミラクルな人間にはなれないようです。

勘やセンスより「仕組み」を信じる

自分がやってきた仕事の成果や、成功を導き出すための方法論は信用できるけれど、自分の企画力やセンスを完全には信じていません。だからこそ、**信じられる結果をコツコツ積み重ねていくことで自分に対して信用を重ねる**しかないと思っていて。

ましてや俳優さんや芸人さんといった、才能ある人を一発で見抜く勘や力もありません。千里眼があるわけでもないので「逸材を見つけた！」と思っても、大抵の人が同じタイミングで気づきます。ただ、それだと僕のような職業に就く人にとっては、遅い。

飛び抜けたセンスや人材発掘能力があるほうではないから、抜きん出た才能をいち早く見つけたり、発掘する力を最大限活かすために、**僕なりの「仕組み」を作ることにしています。**

俳優さんに関して言えば、とにかくたくさんの舞台や映画を観て、気になった人はフライヤーなどでチェック。名前とプロフィールなどをネットで検索し、同業者やそのジャンルの目利きのブロガーの記事も読んでみます。過去作をさかのぼり、ある程度その人の知見をためたら、「私的ネクストブレイクリスト」へ。最新作が出たら真っ先に観て、確信できたタイミングで仕事をオファーします。

芸人さんの場合は、写真とともに特徴や活躍できそうなテーマを記したメモをデジタル上に保管しています。面白い人はいつか絶対に売れるけれど、世間のムードにハマるタイミングも非常に大事なので。

制作側はキャスティングをする時に、確実にハネそうなテッパン企画や自分たちが面白いと思うテーマに芸人さんをついつい当てはめがち。だけど、その枠にネクストブレイクしそうな新しい才能を投じても、企画とうまく噛み合わなければ、魅力はイマイチ伝わりません。

発想を逆にして、その人しか持っていない魅力は何かを徹底的に考え、持っている武器の中で、世間にウケそうなものが引き立つ企画を立ち上げる。そのほうがブレイクしやすいし、本人も自然体でいられるということは経験から分かってきました。

自分に天才的な才能がないからこそ、企画に携わっていただく人の才能はとても大切。思いつきやセンスに頼らず、自分の中で確立した再現性のある「仕組み」を実践するようにしています。

過去のキャリアに油断しない

自分が関わった仕事は一つひとつが大事な宝物です。だけど、今現在や未来とは、切り離して考えたいと思っています。

過去の仕事にしがみつくようなマインドを作りたくない、というのがその理由。たとえ仕事がうまくいったとしても、**その時の成功の要因や自分の武器が今後も通用するとは限らない**ですから。

導き出した「仕組み」や武器が、今の時代に合っているかをチェックする視点は常に必要だと思っています。

仕事でいただいたいくつかの賞状や記念品も、嬉しくて仕事部屋に並べていたら、だんだん心がザワザワし出したんです。だから今は、見えない場所に大切に保管しています。賞に安心しきる自分の弱さが表れそうで怖くなったんだと思います。

過去の仕事に縛られることなく、今準備していること、放送・配信しているもの、これから世に出す作品のことを基本的には考えて、前を向いていたいと思います。

「苦手」から心を守るルールを作る

ｐ40でも紹介した、メモ感覚でつけていた日記を読み返し、どんな時にメンタルが落ちるかを観察して気がついたことは、仕事上の理不尽な言動やシステムの言いなりになってしまうと、ひたすら心が摩耗してしまうということでした。

ハラスメント気質をはらんだ業界になんとか自分を染めようと努力しても、息苦しさを感じるだけ。このまま続けていたら息苦しさどころか、呼吸できなくなるかもしれない……。当時はそう思いました。

自分のことはもちろん、誰かを支配下に置こうとする人がとにかく苦手だし、興味のないことに付き合いで参加することが何より耐えられない人間なんだ、ということもよく分かった。

苦手なことが分かったら、それを避け、自分が呼吸しやすい人間関係や職場環境を用意するしかないと決めたのです。

そこで僕は、仕事上での具体的なルールをいくつか決めました。このステップが、僕にとっての本当の社会人の始まりだと言ってもいいと思います。ルールを実践してみて、まだネガティブな感情が強かったり、仕事でも結果が出ないなら、今いる会社やテレビの業界が向いていないということ。その時は、入社3年目を目処に、いさぎよく辞めようと決めたのです。

最初に決めたルールは朝までカラオケに付き合わせる人、やたら合コンに誘ってくる人、キャバクラへ呑みに連れて行こうとする人との付き合いを、全部やめるというものでした。芸能関係の人との呑み会にも、よほどのことがない限り行かないことにした。もともと苦手意識があった業界の華やかなパーティーや接待ゴルフの誘いも断りました。

当時の縦社会の常識から考えると、付き合いの悪い若手（↑僕です）は、上司や先輩からしたら可愛くないヤツと思われて当然のこと。仕事の延長やプライベートでの親密さという下地がないぶん、**仕事の結果だけが自分の評価の拠り所となる。**むしろマイナスからのスタートといってもいいかもしれません。

だからこそ、番組の細かな資料作りなど、実務的な仕事には早めに取りかかって完璧に仕上げ、誰からも文句を言われないようにしました。

空いた時間と労力は「チャンス」に使う

それと並行してコツコツ始めたルールが、アイデアをメモすること。まず、企画になりそうなたたき台と、僕が感じた世の中への違和感みたいなものをひたすらメモ。週に1時間ほど時間をとり、人に端的に説明することを想定してそれぞれのメモを4〜5行にまとめ、企画まで落とし込んでおく。

要は番組企画の募集があっても、目の前のADの仕事が忙しすぎて企画書が作成できなかった、なんてことにならないようにストックを増やしておいたのです。そして、企画募集の機会が巡ってきたら、すぐに提出できるようにしました。

人生、チャンスが来てから準備をしていたら、間に合わないことも大いにある。やりたいことがあるのなら、チャンスが来る前に虎視眈々と準備だけはしていたほうがいいと思うんです。

それに加え、クリエイティブな才能に自信がなかった僕には、こういう地道な準備が他の優秀な人材と差をつけるためにも、メンタルを保つ上でも必要不可欠でした。

違和感こそ「チャンス」

このルールを実践していたら、初めて企画が通る、という結果につながり、どうにか仕事を辞めずに済みました。

当時は、シドニーオリンピックが開催された後で、世の中が「感動をありがとう」ブームのまっただ中。その流れで、やけに感動させたり泣かせる番組が多く、その現象を僕は内心、「ちょっと気持ち悪いな……」と、少し引いた目で見ていました。この違和感を題材にして、入社2年目に立案した企画が「ナミダメ」。これがめでたく採用され、3年目でプロデューサーとして番組がスタートしたのです。

この経験をきっかけに、世の中の流れだけを追わず、**自分の興味や違和感をベースに企画を立てる**、という方法論が身についたように思います。自分だけがおかしいのでは?と思っていることや、自分だけが冷めているかも?という感覚は、世の中の人々がほとんど気づいていないことでもある。だったら、マジョリティに対する違和感の種を言語化したり、表現に落とし込めると、見たこともない企画になるのでは？という気づきになりました。

そのためにも、企画メモはとても重要だったと思います。ちなみにこれは今でも続けているルーティンの一つです。

自分が呼吸しやすい環境で働けるようになった結果、やるべき仕事に全集中できるように。この経験によって20代のうちにやりたいことがより明確になったように思うし、仕事のジャンルでも自分が得意なことが少しずつ見えてくるようにもなりました。

向き合う人の立場をイメージする

社会人になると、自分を上手に売りこんだり、企画や主張を通したい、という場面に時々出くわすことになります。もちろん、自分やプロジェクトの魅力を分かりやすく伝えることも大切ですが、それ以上に重要なことがあると思います。

それは、向き合う相手の立場を考えて話すということ。僕がそれを最初に痛感したのは就職活動の時でした。

当時は就職超氷河期と言われ、企業が採用者数を絞っていた時代。その上僕は留年もしていたので背に腹はかえられぬと、ほぼ全ジャンルの企業を受けました。

ところが、活動を始めてみたら、就職活動ってなんだか理不尽なんじゃないか？という思いが湧いてきてしまった。

なぜなら、多くの学生たちは、何としてでもどこかの企業にぶら下がりたいと人生をかけて挑んでいるにもかかわらず、機嫌が悪い面接官がいたり、横柄な態度をとってくる人も当時はいたから。そういう人に人生を左右されてしまうのはどうなんだろう？と密かに思っていました。

よくよく考えると面接官だって、一人の普通の会社員。すべての人が優れた人格者であるわけがないし、会ったばかりの学生の資質を見極める才能を持ち合わせているわけでもない。そんなことに気づいたら、面接で落とされてもがっかりする必要なんてないな、と急に開き直れるようになりました。

アピールするなら精度を上げる

面接といえば、だいたいの人は自分をアピールすることに意識が向いてしまうものだと思います。たとえば、新卒だったら自身の人物像や学生時代に力を入れたこと、中途採用だったらこれまでのキャリア実績など。**何かを伝えようとする時こそ忘れちゃいけないのは、どういう立場の人間が聞くのか？という視点。**相手を見る必要があるのです。

特に面接で大切なことは、**面接官の立場によってアピールするポイントを変える**ということ。

一般的な企業では、一次の面接官は現場の第一線で働いている社員。二次くらいからは管理職が担当することがほとんどでしょう。

仮に、一次面接で自分が温めてきた壮大な目標や理想、企業の改善点を熱く語ったとします。聞かされるのはまさに、その現場を動かしている当事者。厳しさだらけの現実に向き合っている彼らからすると「現実的な対処を求められる時に理想や夢を持ち出されそう……」なんて思われるかもしれません。あるいは、今のあり方を否定されているように感じてしまう可能性も。

会社員時代、面接官を担当したこともある経験を踏まえていうと、一次面接では現場で働く人たちをリスペクトしていて、一緒に働きたいという熱意を伝えることが第一優先。ずばり「可愛げのある後輩」感をアピールすると、心がほだされて通過しやすい。自分の夢や熱い思いは、役員面接で出すくらいがちょうどいいんじゃないでしょうか。

自分はどんな人間か？　どんな職業に就きたいのか？　こういう自己分析はしっかりやっておいたほうがいいけれど、一方で、**企業にとってはどういう人材（商品）を求めていて、自分は一体どんな商品なのか？を把握しておく**ことも大切。

ちなみに僕の場合は、面接で自己PRする内容は一緒だったけど、企業の理念や方針は把握した上で、相手を分析し、自分の中にある3パターンくらいのキャラクターから演じ分けていたように思います。

芸人さんを例にあげると、お笑いライブでの経験が少ないと、準備したものだけを披露することで満足して終了……なんてことも。だけど、相手のことが見えている人ほど目の前にいる観客の雰囲気や反応を見て、テンションを変えたりアドリブを入れたりして柔軟に対応しているんですよね。そういう姿を見ると、さすがだなぁと感動するし、その場限りの笑いが生まれるから記憶にも残る。

自分のことをアピールする時こそ、向き合っている人の存在を忘れちゃいけないと思うのです。

組織でのキャラを正しく知る

入社して、最初の配属先は深夜ドラマのＡＤ。現場のなんでも屋としての業務のほか、大事な仕事がありました。それが、「企画書を出す」のではなく、「企画書を通す」こと。

当時は常にアイデアメモをつけて、企画募集があった時にいつでも提出できるよう、週一回のペースでプロット化していたのは前述の通り。才能溢れる先輩やライバルはたくさんいるから「面白いヤツが書いているな」と思ってもらえるよう、アイデアをめいっぱい企画書に落とし込む作業を必死で行っていました。

けれど、その努力はなかなか実りませんでした。企画を出し始めた当初はダメ出しばかりで全く通らなかった。いやというほど不採用を経験して気がついたことは、**組織でやりたいことを通すには決定権のある人の心に訴えないと叶わない**、ということ。

だから、僕は決定権のある人に向けて「こいつに任せてみようかな」と思ってもらえるよう、まるで撒き餌をするごとくアプローチしました。企画書の中で、自分をどういうキャラクターで表現したら受け入れてもらえるんだろうか？ということまで考えながら……。

組織で望んだチャンスをもらえる人間には二つのキャラクターがあるように思います。一つは**後輩、あるいは部下として使えるヤツだと思われる**か。もう一つは、**仕事でホームラン級の成果を出せて、部署に手柄をもたらせる人間だと評価される**か。

当時の僕は、ちょっと変わったバラエティの企画書を提出しているヤツというイメージがあったんじゃないかと思います。

入社3年目で初めて通った企画は、p79でも触れた通り、笑いと悪意に満ちた「ナミダメ」という番組。評価してくれる人はいたけれど、世の中の流れもあり残念ながら半年で終了してしまいました。

「ナミダメ」が終わった時に、このまま「ちょっと変わった企画で時々ホームランを打つヤツ」という〝奇才キャラ〟のままでいると、次のチャンスなんてなかなか巡ってこないんじゃないかとか、このままだと打率が低いヤツと思われてしまうんじゃないか、といったネガティブ思考にはまりました。ただ、ここでいったん立ち止まり自分のキャラを見直したことで、その後の軌道修正ができた。

p57でも触れましたが、自分への評価に不満があったり、やりたいことができていない感じることがあるなら、一度組織での自分のキャラをできるだけ客観的に見直してみるといいかもしれません。

最強キャラは「ハイブリッド会社員」

同時にこのネガティブ思考を払拭するにはどう行動したらいいか？を考えた結果、企画のアイデアは引き続き提出する一方で、「アシスタントディレクター」としての実務能力（番組のスケジューリング、キャスティングなどを迅速にこなし、他部署との調整やフロアでの進行をスムーズに行うなど）にもさらに磨きをかけることにしました。

自分がやりたいことをアピールするだけじゃなくて、チームのための仕事もちゃんとできるヤツ、と思われたほうが任せてもらえるな、ということに何かのタイミングで気がついたんです。

目指したのは、ちょっと変わった企画を出すけれど（僕はテレビ東京の王道や、当時のバラエティの王道企画は出せないタイプだったので）、チームにとって必要な仕事をこなして信頼を刈り取る「ハイブリッド会社員」。その代わり、社内の派閥や政治には一切関わらないようにしよう。そう決意して、自分のキャラをギアチェンジしていったことを覚えています。

そう意識し出してから、仕事がぐっと面白くなりました。振り返るとそこから「ゴッドタン」「ピラメキーノ」「ウレロ☆」シリーズなどの番組につながっていったんだと思います。

ＡＤ時代の実務経験を通して、制作会社や他の部署とのコミュニケーションのコツが摑めたことは、プロデューサーになってから大いに役立ちました。

だから、若手といわれているうちに**実務仕事の〝筋トレ〟をして、基礎能力をあげておく**ことは意義があると思います。

周囲のニーズが自分を育てる

時々、若い世代から「自分にはどんな仕事が合っているのか分かりません」という相談を受けます。けれど多くの人は悩んでいるだけで、行動に移していないような気がします。なかには、「正解はどの道だろう？」と、１年くらい机上で悩んでいる人もいるんじゃないでしょうか。

ぜひ知っておいてほしいのは、「どの道でも、どの方法論でも一緒」だということ。どれを選んでも間違いではない。なぜなら、キャリアの駆け出しの頃の業務内容は仕事の基礎だからです。どの仕事術を選んでも結局やることは同じなんです。これはどんな職業でもほとんど変わらない。

とりあえず、**誰の手も借りずに完璧に仕事をこなせるまでの2〜3年は、頭と体をめいっぱい動かして、目の前の求められている仕事に向き合う。**すると、視野、経験値、得手不得手などを半ば強制的に認知できるから、人間としても成長できるし、早い段階で成功できるように思います。

自分の適性をあれこれ悩んでいるより、直感でもなんでもいいから、**一つ選んでその世界に飛び込んで没入した人のほうが**、途中の軌道修正はあるにせよ**最終的にはいきいきと仕事ができている。**

結局、5年後、10年後もニーズがある人、仕事がうまく回っている人に共通するのは、自分に何が求められているか？　自分がどういうキャラクターだと思われているのか？といった自分の属性やキャラクターをプロジェクトごとに理解し、**常に客観視しながら期待に応えられる人**だと思います。

仕事を続ける上で、軌道修正やブラッシュアップが必要になることもあるでしょう。少し厳しいことを言うと、思うような結果に結びつかない要因を敏感にキャッチするには、**心の痛みを伴う〝エゴサ〟的なこと**、自分の仕事が仲間や世間からどんな評判か？など、**多少耳が痛いことを受け入れる素直さも必要**になります。

会社内でも、取引先でも、視聴者でも、相手のニーズを酌み取り、仕事人としての鍛錬を積む。20〜30代前半くらいまでは、その先の人生を、自分の足でしっかり立てる力を育む、貴重な時間だと思います。

「中年の壁」を怖がらない

若手のみなさんに伝えているのは、**40代半ばまでに名刺代わりになる仕事を達成す**

ることを目指してほしい、ということ。さらに仕事上の武器となる得意分野を1〜2個は備えておこう、とも伝えています。なぜなら、40代以降は新たに武器が増えることはほぼないからです。特にセンスが求められるクリエイティブな業種の人は、よほどの天才でない限り、45歳を過ぎるとセンスのズレという壁にぶち当たる人が多い。

お笑いの仕事を例に話をすると、芸人さんとしての勢いやネタの刺激を世間からめちゃくちゃ面白がってもらえるのは、ごく一部の奇才を除いて50歳までだと僕は思っています。

特にセンスで戦ってきた人にとっては、それ以降は感覚という目に見えないものが時代と乖離してくる現象が起こりがち。ピーク時に比べてボケやツッコミのスピードは遅くなり、一日何度も舞台に立つことや馬車馬のように営業に回るのがしんどくなる人もいるでしょう。こういったマイナスの要素を、これまでの経験で培った熟練の芸によって補ったり笑いに変えていくことが多くなると思います。

これは、芸人さんに限らず、タレントさんでも、フリーランスでも、会社員でも同じようなことが起こりうる。誰だって「中年の壁」にぶつかるものなのです。

中年を救うのは「教養と人柄」

もちろん、その先のキャリアをしっかり築いて輝ける人もいます。

ぱっと思いつくのは、東野幸治さん。さまざまなジャンルや幅広い年齢層を対象とした番組を仕切れる、数少ないMCとしても有名ですよね。若い頃はお笑いにしか興味がなかったそうですが、50歳を過ぎてからは、ジーンズを作ったり、喫茶店や古着屋巡りをしたり、登山を始めたり……。ご自身の趣味をYouTube上でいかんなく開示しています。コロナ禍をきっかけにエンタメ作品にもかなり詳しくなり、知識量もハンパない。伊集院光さんも同じだと思います。

これだけSNSが発達し、プラットフォームが増えた今、視聴者の目は厳しくなっています。知名度や収入を目的にした浅い趣味や薄い知識は、簡単に見抜かれてしまう。だからこそ戦略ではない「好き」が根っこにあるのが大前提。それぞれのジャンルについて、自信を持って語れるくらいまで突き詰めているから、必然的にそれにまつわる仕事も舞い込むんだと思います。

30代、40代のうちからあちこちにアンテナを張り、お笑い以外の武器を増やしている人も強いです。たとえば、「筋肉芸人」や「家電芸人」「占い芸人」などがその類。お笑い芸人としての武器と、別ジャンルの圧倒的な知識との組み合わせは、ユニークな化学反応を生みやすいのです。

極論を言うと、面白ければいいのは50歳まで。そこから先は、**「教養がある人」「人柄の良い人」が生き残っていく**んじゃないかと思います。

芸人さんを例に出しましたが、これはきっと仕事をする人すべてに当てはまること。悲しいかな、センスや体力で勝負するには誰にでも限界があります。**脂が乗った状態で仕事上のセンスを発揮できる期間は、案外短い**もの。

現場でバリバリ働ける時期を過ぎると、組織の中で若手の能力を伸ばしながら、ジャッジする立場になっていくのです。

企業や組織を一人で引っ張れるほどのカリスマ的な人以外は、最前線で働き続けることは難しい。だからこそ安定した収入を得られる会社員であっても、自身の業務上のセンスに賞味期限があることは、念頭に置いておきましょう。それによっておのずと**今、何をすべきかが見えてくる**んじゃないかと思います。

加齢にあわせて**上手にサバイブできる人は、自分の人生のアセスメント能力（客観的に評価・分析する力）が高い人。**これは仕事においてはもちろん、人生においても同じだと思います。

独立したいならまず「ネガティブチェック」

最近、会社や所属している事務所から独立したいと思っている人、実際にフリーランスになる人が増えています。

今の職場が嫌だから辞めたいとか、ワークライフバランスを充実させたいという理由なら、不安定なフリーよりも安定した組織に属しているほうが賢明。会社を辞めずに現状の不満を改善する策を練ったほうが良いでしょう。

だけど、会社員として経験を積んで実績を残し、さらに「仕事で新しいことをしたい」「もうひと花咲かせたい」という熱意ある人にとっては、やりがいのある選択だと思います。

会社員だった僕からすると、組織に所属するメリットは「失敗できる」こと。ある程度の失敗なら組織という傘が守ってくれることもあるから、チャレンジ精神や仕事への情熱がある人にとってメリットになります。安定した収入が得られて、人生に保険をかけられることもあるでしょう。

一方で、フリーランスの世界は、非常にシビア。よほどの後ろ盾や人脈がない限り、数回の失敗で仕事を失ってしまうことも、珍しくありません。

それでもフリーの世界に飛びこみたい方にアドバイスするなら、必要な資質として、会社員時代から「組織に守られている立場だからできること」を冷静に見極め、どんどんチャレンジしていけるメンタルの強さは必須。利用できるものは利用しておこうという図太さがなければ、フリーランスにはならないほうがいいと思います。

それから、個人的には**めちゃくちゃポジティブな人も向いていない**と思います。なぜなら、ポジティブすぎる思考が、油断や詰めの甘さを引き寄せるから。ずっと先にある野望ややりたいことばかりに意識が向いてしまうと、地面に転がっているリスクに気づけず、つまずいて大きなミスを犯しかねない。自分を過大評価する人ほど、初手で道を踏み外すケースが少なくないのです。

それを踏まえた上で、フリーランスになりたいという相談を受けた時は、次のチェックポイントを伝えています。

①組織の肩書きを外した時に、自分に仕事をくれるクライアントが三つ以上あるか？

②同業のフリーランスの人よりも、自分は秀でている、とアピールできる武器が二つ以上あるか？

この①と②がすぐ思いつかないなら、クリアできるまでやめておいたほうがいいというのが僕の考え。

なぜなら、クライアントや自分の武器を一つしか持ってないと、その分野が斜陽になった時に、食べていけなくなるからです。

さらにクライアント側は目的意識がはっきりしている人のほうが仕事をオファーしやすいので、分かりやすく卓越した才能や明確な強みがないと、（特に40代以降は）自分にとって中途半端な案件しか来ません。結果、不利な条件で仕事を受けざるを得なかったり、本来やりたいことではない仕事を〝こなす〟便利屋になってしまう可能性が高くなります。

「ビジネスいい人」であれ

さらに大切なチェックポイントが、もう一つあります。

③自分より下の世代にも、丁寧に接することができたり、思いやりを持って向き合ってきたか？

この点に関しては己をシビアに顧みたほうがいいと思います。というのも、フリーランスで長く働くには、いつかは後輩世代から仕事をいただく立場になる。誰だって一緒に仕事をするなら、メンタルを蝕《むしば》まない性格のよい人としたいですから。

僕の周りでも、年齢を重ねても仕事のオファーがある人に威圧的なタイプや不機嫌な人はいない気がします。**普段から「仕事上でのマナーがいい人・人格者＝ビジネスいい人」として行動するクセをつけておくといい**と思います。

ｐ57からのQ＆Aでも紹介したように、「ビジネスいい人」であることは、**フリーランスになる、ならないとは関係なく、働く上でメリットを受けやすい**はず。

ただ、独立するからといって急にやさしいキャラになっても、残念ながらもう遅い。普段から職場においてはいい人であることが大切なのだと思います。

ちなみに、僕自身は本来の性格を考えると、組織に属するほうが性に合う人間です。だけど年齢を重ねるうちに、大好きな現場の仕事よりも、自分が得意ではない管理職の仕事の割合が高くなってきてしまって。

その一方で、「オールナイトニッポン0(ZERO)」の出演に加え、番組やイベントの演出・プロデュースなど、社外から仕事の打診をいただくことが増えたこと、10年以上前から意識的に取り組んできた配信コンテンツの市場規模が一気に拡大したことなどが、独立の後押しになりました。

「(お笑いやエンタメ系の)映像作品を制作する」「(面白かった作品をSNSなどで紹介し、自分の言葉で話せるようにしていたから)エンタメのコンテンツを解説、キュレーションする」「(番組やイベントに)出演する」という二つ以上のキャリアが備わったことで、思い切って独立を選択しました。もしもテレビプロデューサーの肩書きだけだったら、怖くて辞められなかったと思います。

僕の場合はデッドラインとも考えていた45歳での独立だったけれど、20代後半から30代に会社を辞めて、キャリアアップや独立を狙う人も少なくないはず。実際に踏み切るかどうかは別として、若いうちに大切なのは、組織内で培われた知見など、自分が利用できるリソースを使ってスキルを磨き、独立しても生きていける人間になるという意識で仕事に取り組むことでしょうか。

その際、独立心や壮大な野望を社内で語るまっすぐな若者もいるけれど、そのメリットはどこにもないのでいったんストップ。会社の先輩や上司の中には胸の内では面白くないと思う人もいるはずで、その結果、目をつけられたり、敵意を向けられやすくなって動きづらくなってしまいがち。

独立心溢れた未来の展望を話すのは、くれぐれも社外の友人だけに。会社では、骨をうずめるつもりで働くフリをしましょう。

リーダーに適性は必要ない

どんな仕事も一人の力でできるものはありません。僕の仕事もテレビ局員、制作会社のスタッフ、放送作家、出演者……たくさんの人の力によって成り立っています。

これまで会社員として組織で働き、今もチームで動くことが多い僕の経験からお伝えすると、**リーダーとしての在り方に、人としての資質や魅力は全く関係ない**と思っています。

企業を一人で引っ張れるほどカリスマ性がある人や、才能を見出す力や育成力がバツグンに高く、組織を育てる才能まである人はごくわずか。そして、組織の運営を個人の資質や魅力に頼ることは、**企業側にとってリスクも大きい**のです。

もっと言うと、圧倒的カリスマがトップに君臨すると、それぞれの部下との親密度によって共有事項にも差が出てしまいがち。うまくいっているようで、蓋をあけると内部バランスが崩れていることが、実は多いのです。

チームワークのカギは価値観の言語化

もしあなたが、チームリーダーなど人を統括するポジションに就いたなら、チームが携わる**プロジェクトの目標や狙いはもちろん、決定に至るまでのプロセスまで、全員でしっかり共有できるようにする**ことが大切だと思います。

たとえば、施策でプランAとプランBがあったとします。最終決定でAを選んだとしたら、それはなぜか？　意思決定した思考プロセスや理由を言語化して共有すること。「結局、リーダーのセンスとか勘で決まるんだよね」と思われたらチームの団結力は一気に弱まります。

決定事項だけでなく、目標達成のための課題についても同じ。しっかり共有できていればチームのメンバー一人ひとりが自然と動けるようになるので、リーダーは明確な基準を持った上で、都度、メンバーからの提案や意見にフラットな視点を持ってジャッジしましょう。

言語化によって全員が価値観を共有できると、たとえ失敗しても全員の経験値になり、今後の糧になる。つまり失敗が、価値あるものになるんです。

反対にリーダーのセンスや勘だけで達成したと思われた成功は、全員の経験値にはなりません。チームの全員が成功の理由を理解できていないから、再現性が低くなって、その時限りの成功で終わってしまいます。

だからこそ、成功しても、失敗しても、リーダーは、その理由をはっきり言語化し、全員と共有することが大切になります。

「任せる力」も鍛えよう

たとえリーダーであっても、判断に自信が持てないような苦手分野が誰にでもあると思います。僕の場合、無理にコミットしようとせず意図とビジョンだけを共有したら、あれこれ言わずに信頼できる人にまるっとお任せしています。

Ｎｅｔｆｌｉｘ番組「ＬＩＧＨＴＨＯＵＳＥ」では、ロゴデザインや挿入したＭＶ部分はそのジャンルのスペシャリストにお任せしました。

プロの力を借りたり、チーム内の得意な人にジャッジを任せることで、仕上がりのクオリティはぐっと上がるし、想定外の場所にたどり着けるワクワク感も生まれるんですよね。

仕事に熱心な人や愛がある人、真面目な人ほど、ついタスクを請け負ってしまいがち。だけど、部下に仕事を任せたり、上手に手放していかないと、あなたにとっての本命の仕事が舞い込んでも全力でコミットできず、成果を上げにくい。

チャンスはいつ飛び込むか分からないし、仕事人としてもう一段階高いフェーズに行くためにも、リソースを割く準備をしておけるといいかもしれません。

⑤章

年代別の「諦め方」で夢は叶う

就活の時のエピソードからも分かってもらえるかもしれませんが、僕はそもそも夢なんてなかったし、大それたことも言わないタイプ。決して向こう見ずなことをしないから、平坦な道のりをコツコツと歩んできたつもりです。

節目節目で自分に合わせて、やるべきことの取捨選択をしてきた結果、思う存分にやりたいことができているありがたい現状があるのだと思います。

20代の「理想と現実」は折り合いがつかないもの

時々、テレビ業界に入社した若手社員から、「こんなはずじゃなかった」という相談をされることがあります。憧れの業種や志望する会社に入れた人間でも、いや、だからこそ、**描いていた世界と現実とのギャップを埋められないことはよくある**こと。

そういう時には「夢と現実の折り合いはつかなくて当たり前。理想はいったん置いておいて、まずは目の前の仕事に集中することを続けてみよう。労働にまつわる知力や筋力がついていないと、仕事の本当の醍醐味を味わえないから」とアドバイスするようにしています。

つまり、キャリアを積んでいない状態でいきなり最前線のプレイヤーになりたいということは、**サッカーを始めたばかりで基礎体力がついていないのに、プロで活躍したいと言っているようなもの。**

テレビ業界でも、憧れのプロジェクトに関わり、20代からジャッジできるポジションに立てるのは、ひと握りのスーパールーキーのみ。大抵は、リサーチのような下準備ばかりを任されがちなのです。

末端仕事は筋トレと捉える

一つのプロジェクトがあったとします。プレゼン時はもちろん、着実に成功へと進めるために、情報や資料を的確に集めるといった地道なサポート作業は必須になります。僕はこの経験をキャリアの浅いうちになるべく多く積んでおくことをおすすめします。

若手に任されがちな末端の仕事は、面白みに欠けるかもしれないし、泥臭いかもしれません。だけど、その仕事を的確にこなせる技術を身につけていないと、キャリア後半でチームをリードする立場になった時に**情報をうまく使えない人になってしまう。結果的に的確なジャッジもできなくなります。**会社も、そういう人には責任ある仕事を任せたいとは思わないはず。

この理論は、どんな職種にも当てはまると思います。本当にメンタルが耐えられないなら辞めるしかないけれど、そうじゃなくて、「今の仕事内容が嫌」というだけなら、少し冷静になって戦略を練ったほうがいい。**次のフェーズ（転職も含む）に進むためには、今置かれた場所で吸収できること、利用できるもの、身につけられる技術をしっかり自分のものにしないと、キャリアは積み重ねられない。**辞めたところで再びゼロからのスタートになってしまうから、また同じことを繰り返す可能性が高い。

今の職場環境にどんな問題があるかよりも、自分がどういう状態で仕事と向き合い、どういう受け取り方をしているかを正確に把握するほうが、今後の対策をとりやすくなると思います。

自分だけの「なにもの」像を持つ

「なにもの」かになりたい、という声はよく聞きます。けれどその「なにもの」のイメージを具体的に聞くと、**今すでに世に出て活躍している人、トップランナーのことを指している**ことがほとんどです。

結局、「憧れ」と自分が目指す「理想像」を同一視して、「自分は『なにもの』にもなれない」ともやもやしている人が多いんだと思います。

僕はそういった人にこそ、**あなたにとっての「なにもの」とは「なにもの」なのでしょうか?**と改めて聞きたい。

答えはきっと、自分は何に対して幸せを感じるのか、何を大事にして生きていきたいのかを切実に考えた先に現れると思います。

僕は、20代の頃から「最終的に僕は何をやって大人になっていきたいんだろう?」とよく考えていました。就職したばかりの頃は、「看板番組を作りたい」という野心もあった。ですが、途中から「ちょっと違うのかも?」という思いが出てきて諦めました。

結局、大事にしたいことは「自分の人生が、好きなもので埋め尽くされている状態」が長く続くこと。映画や漫画、音楽に行きつけの喫茶店やレストラン……。自分の世界の中に「好きなもの」が多くあることは、生きていく上で大きな力になるからです。

そして、何より作品を作るモチベーションは「この人、スゴくないですか⁉」「これってめちゃくちゃ面白くないですか⁉」と、自分が好きな人や物事をプッシュして共有したいということなんだ、と気がつきました。僕が手がけた番組がヒットして後世に名前を残すよりも、番組で取り扱ったテーマに興味を持ってくれる人が増えたり、出演をきっかけに芸人さんや才能溢れるタレントさんのファンが増えることのほうが断然嬉しい。

何より才能に惚れた方々と仕事で関われることはワクワクするし、さらに活躍してたくさんの番組や作品に出演してくれることで、ユーザーとしてエンタメを楽しませてもらえるという循環に幸せを感じます。

自分が大事にしている軸は何なのかを早い段階で知り、それをもとに仕事のスタンスや方向性を決められたことは、自分にとっての大きな宝物でした。

どんな状況を実現したいのか？　何に喜びを感じるのか？　憧れをいい意味で諦めて、周りや世間からどう評価されるのかもいったん切り離して内省してみる。その先に、唯一無二の「なにもの」像が現れるのかもしれません。

中堅になったら賢く諦める

テレビ業界、特にバラエティの王道&花形といえばゴールデンタイムの番組。お茶の間に愛される「世帯視聴率」を取れる番組を目指すのが当たり前の発想だったと思います。

けれど僕は昔から、どちらかというと〝じゃない方〟に興味をそそられがちな人間。王道のカルチャーよりもマニアックなものを好む、という嗜好があったから、老若男女に好かれる王道バラエティ番組を作るのは苦手分野だと分かっていました。

だからこそ、**自分の資質に合わない花形の夢を諦める**代わりに、自分ができることや得意なことは何だろう？と必死で考えました。当時の評価軸とは違う道で結果を出す方法を模索し続けて、マニアックだけどコアなファンがつきそうな番組を作る、というチャレンジをすることにしたのです。

テレビ業界が目指す成功の形や評価の軸も、急速に変わっています。僕がテレビ局に入社した時代は、配信コンテンツがこんなに盛り上がるなんて誰も予想していなかった。**王道や花形を葛藤なく、幸せに諦められたからこそ、当時は想像していなかった別の形の夢が叶った**とも言えます。

当時の「めちゃ×2イケてるッ！」みたいな、ど真ん中のお笑い番組を作れる人間になりたいと思ったまま、その夢にしがみついていたら、今のような仕事には携われなかったんじゃないかと思います。

テレビ東京のバラエティ番組「あちこちオードリー」で「諦めたこと発表会」とい

う お題でトークを繰り広げる企画を放送しました。

普段とはちょっと違うトークテーマが生まれたきっかけは「諦める」という世間的にはネガティブな行為を面白可笑しく紹介したら、盛り上がるし、少しは心も軽くなるんじゃないか、と思ったから。

諦めないとは、取り組んでいることに対して途中で放棄せず、最後まで続けること。一般的には美徳とされているし、自分自身が向上するための糧になります。

その一方で、諦めないことに囚われて、どうしても負担に感じてしまう作業や、肌に合わない仕事に無理して向き合い続けた結果、最終的には自分自身が摩耗してしまうこともある。そこに時間を割くのはもったいないし、しんどい荷物を抱えたままだと、**本当にやりたいことが見つかった時に、十分な力を発揮できなくなる**、なんてこともあるのです。

特に30代後半から40歳以降は、体力も衰えていくし、人によっては家族のことや親のことなど、別の負担も増えてくるのでなおさら。

他人の声や世間の評価と一緒に、自分には合わないと思ったことはいったん手放し、

脇に置いておく。身軽になると、新しい何かに出合えるから不思議です。

遠距離の夢より近距離の目標を持つ

フリーランスになって1年目は、いろいろ挑戦したい気持ちもあったし、それがちょっと風変わりなオファーであっても、まずはなんでも受けてみようと決めていました。結果、雑誌や書籍の企画、番組の出演など、自分の想像を超えてさまざまな仕事に携わることができました。

最も仕事の幅を広げるきっかけになったのは、やっぱりＹｏｕＴｕｂｅじゃないでしょうか。テレ東は全国区の放送ではなく、地上波の視聴可能エリアは関東近郊のみ。だから、「ゴッドタン」や「あちこちオードリー」を面白いと思ってくれている人は、多くが大都市圏の人たちでした。だけどＹｏｕＴｕｂｅはそういう地域性を軽々と乗り越えるプラットフォーム。自分の企画を全国に直接届けられるようになったのはありがたかった。

ちなみに、YouTubeの「NOBROCK TV」が広く世間に受け入れてもらえた理由は、僕自身が福島のいわき市という田舎で育ち、東京の最先端のカルチャーに触れられなかったからということが大きいと思います。

心がけているのは、「この面白さ分かんないヤツ、ダメでしょ」みたいな、見る側を置いていくような尖った作り方は絶対にしないということ。**さまざまな地域性や環境、リテラシーや好みの違いがある中で、より多くの人に喜んでもらえる企画はどういうものかを常に考えている**つもりです。

地方でも受け入れてもらえたという下地ができたからか、地元・福島県の仕事（福島中央テレビ「サクマ＆ピース」の出演など）にも関われるようになりました。上京後はなんとなく地元と疎遠になる中で、東日本大震災があったから、ずっと心の片隅で気になっていて。地元は愛すべき場所で、いつか貢献できたらいいなと思っていたので、携われることは純粋に嬉しい。親が目にする機会も増えるだろうから、母親孝行にもなってありがたいなぁとも。

こんなに彩り豊かな仕事をさせてもらえている状況は、全く想像していませんでした。そもそも僕が就職した当初は複数の肩書きを持つような、多様性のある働き方ができるようになるなんて発想もなかった。

若い頃に思い描く夢には限界があります。今のこういった現状は自分が楽しんでできることと苦手なことを見極めて、近距離の目標を修正しながらクリアしていった結果なのかなと思います。

30代後半からの「老いの準備」選手権

大学時代の友人たちとは、「老いの準備選手権」という〝遊び〟をやっています。年老いた時に楽しめる「何か」を今から見つけておき、充実した老後のための準備をする。そのネタをなんとなく仲間内で披露し合う、そんなゆるい取り組みです。僕の場合は、じいさんになっても通えそうな渋い居酒屋や、気の利いた小料理屋を見つけること。友人の一人は、盆栽を始めています。

これは30代後半に差し掛かる頃に、「老いと戦ったり抗うのではなく、穏やかに受け入れよう。そのほうがこの先の人生の楽しみは増えるだろう」と考えたことがきっかけ。**いつかは消えてなくなる「若さ」が持つメリットを早めに諦める**ことにしたのです。

個人的には、**老いに必ず付随する〝鈍さ〟もむしろ歓迎する**ことにしています。（人に対するやさしさや気遣いは必要だけれど）鈍感になれれば、へこたれにくくなるし、傷つきにくくもなりますから。

子どもの頃に苦手だった苦味やえぐみのある食材が、大人になるとおいしく感じられる。その理由はどうやら味覚が研ぎ澄まされたわけではなく、味蕾《みらい》が減少したり察知能力が鈍くなっていくからだという説があります。老化現象の一種なのかもしれないけれど、視点を変えれば、世の中で、おいしくいただけるものがどんどん増えていくということ。

体力の衰えとともに、できないことも増えていくかもしれない。けれどそのぶん、厳選したこと、好きなことを〝掘る〟ことで、その分野に関する知識や経験の質を上げていけるのは、とても粋だし、情緒があると思うのです。

そういった新しい「味わい」を体験することを楽しんでいます。

40代からは「成功」の定義を改める

40代は20代、30代に働いてきた結果が出る頃。そして、これまでを振り返ることも多くなりますよね。人生設計通りにキャリアを築けた人がいる一方で、そうじゃない人もいると思います。むしろ、後者のほうがほとんどかもしれません。

会社員なら「憧れていた部署で働けずじまい」「出世コースから外れてしまい、社内で『なにもの』にもなれなかった……」。フリーランスなら「センスを求められるような大きな仕事が来なくなった」「そもそも仕事自体が減った」などの悩みを聞くこともあります。

こういう悩みに耳を傾けると、「夢は叶えたら勝ち・叶えられなかったら負け」というように、二元論で人生を決める価値観がまだまだ根強くあるんだな、と思います。

キャリアの後半に足を踏み入れ、未だ「自分はこんなはずじゃない」「本当はもっとデキる人間なのに」という思いがくすぶっているのなら、自分が描いていた理想の自分とは何か、追いかけていた夢とは何かを改めて見直してもいいかもしれません。

人生に勝者と敗者を作っているのは、あなた自身なのかもしれません。だとしたら、あまりにもったいないと思うのです。

たとえば、お笑いの賞レース。「芸人たるもの、タイトルをとってなんぼ！」の時代は確かにあったと思います。けれどタイトルは未来永劫活躍できるという保証でも契約でもなく、売れるための手段。

もっと言うと、目指しているタイトル自体が、10年後同じくらい価値のあるものかどうかは正直、誰にも分かりません。それくらい世の中の価値観は猛スピードで変わっているからです。もちろん、賞を獲得するのが自分にとって最善だと思えるなら、挑戦し続ける価値はあります。高い目標に向かって研鑽を重ねることでしか得られない成長もあるでしょう。

だけど、常に「自分にとってこの道は最善か」という見直し作業は、必要だと思います。

現状と目標はこまめに見直す

高い目標、理想を設定するのは大切なことではあります。だけどいきなり一足飛びで高みにはたどり着けないから、現実的な近距離の目標も設定して、まずはここを着実にクリアしていく。

同時に「今」の自分の立場や状況、気持ちにしっかり目を向けることも同じくらい大切です。常に本当の自分を理解して、**自分がごきげんでいられる選択を重ねていく。**でないと、夢や理想が叶っても満たされないままになってしまうんです。

これはすべての世代に言えることかもしれませんが、なるべく**社会や他人の価値観に振り回されない**、**過去の自分の価値観にもしがみつかない**でいることが大切です。「今」のあなたはどんな状態が一番楽しくて、どんな環境なら気持ちが穏やかでニュートラルでいられるのか？　心の声に耳を傾けて、**人生のアセスメント作業を自分の**

ためにしてください。だって人間は、幸せになるために生きているのだから。

成功と失敗という二元論の間にある**曖昧なグラデーションの部分に、ほとんどの人生がある**と思うし、僕はそこが人としての情緒や面白さ、奥行きになると思うのです。

6章 僕の中の〝陰《イン》〟なヤツ

人生の経験から僕なりにたどり着いた、メンタル、ひいては自分自身の軸の整え方を綴ってきましたが、常に根っこにあるのは、陰《イン》な自分。

そもそも、少しでもごきげんに生きようと考えるようになった動機も、上京や就職という経験を経て「自分の中の弱い部分がむき出しのままだと、ナイーブすぎて東京で働くには、メンタルが壊れてしまう」と思ったから。

幼少期の自分を振り返ることもまた、自分自身の取り扱い方を知るきっかけになります。ここでは、自分の根っこの部分と向き合う意味でも、幼少期の棚卸しをしてみたいと思います。

祖父との因縁

僕のカルチャー好きと人格形成に大きな影響を与えた人物は、東京に住んでいた母方の祖父だと思います。好事家《こうずか》で趣味人、ギャンブルにハマって、借金をして……。言葉を選ばずに言えば、ろくでなし。結局この祖父が原因で、一家は離散してしまった。最終的に祖父の姉が母親を引き取って育てることになったそうです。

そんな祖父と母は、僕が生まれたくらいの時期から少しずつ連絡を取り始めたようで、物心ついた頃には年に一度くらいは会う関係に。そして、滅多に会わないかわりに月に一度、僕と妹のために大量の本と東京の珍しいお菓子などを段ボールに詰めて送ってくれました。

当時流行っていた『ドラゴンボール』なんかを送ってくれればいいものを、段ボールに入っていたのは、ハードボイルドな落合信彦の作品や、士郎正宗のSF漫画『ブラックマジック』、永井豪の漫画に村上龍の小説——。

おそらく自分が読み終えた本を送ってくれていたのでしょう。祖父はいい意味で自由人、悪く言うとやや常識がない人だったから、エロものからマニアックな作品まで、今振り返ると子どもが読むには明らかにまだ早い内容の作品でも意に介さず送ってきました。

僕はそれらを楽しく読むような子どもだったし、祖父からの洗礼によって、カルチャー作品の嗜好は、王道の分かりやすいものからどんどん離れていってしまったのかもしれません……。

小学生の頃から大人びた漫画や海外の小説に触れ、中学時代は本格的なSFやファンタジー作品を夢中になって読みました。なかでも衝撃を受けたのは、SF世界の帝国支配の物語。国家や権力が人々をいかに支配していくのかが暗示されているようで、ゾクゾクが止まらない。

一方、史実で特に興味をそそられたのは、十字軍について。民族間の対立構造、宗教が大きな権力を持って人々の欲望と結びついていくさまに、子どもながらに厭世観を抱くようにもなっていました。

フィクションでも史実でも、人間が作り出す世界の仕組みとか社会システム、権力構造なんて、結局は同じなんじゃないか？　そんなことを**学校の教科書ではなく、本や漫画から吸収していた**ように思います。

こういうことを普段からぼんやり考えていたものだから、現実世界でいじめを目撃すると、いじめが起こる構造を自分なりに分析しては、「結局、この人間関係やいじめる側の人間性や背景にある事情を変えない限り、解決しないいんだろうな。社会って案外、どうしようもないのかもな」などと、どこか冷めた目で見ているような子どもだったと思います。

育った家庭環境が一般的ではない（母方の祖父には物心つくまで一度も会ったことがなかったから、血縁上祖父は二人いるもの、という常識を知らなかった）と薄々気づいていたし、人生は、夢や希望だけでは生きられないことも、なんとなく分かっていました。

物事を悲観的に捉えがちな思考や、すべてのものは当たり前ではないという無常観が、知らず知らずのうちに備わっていったのかもしれないです。

ちょっとズレた子どもだった

小学校の中学年頃までは、勉強は二の次だったし、特に足が速いわけでもないから、どちらかというと目立たない子どもでした。好みの本や漫画にはいくらでも没入できるのに、それ以外のこととなると全く落ち着きがなくなる。特に授業中は指されてもいないのに、他の人を遮って発言してしまう。

4年生の頃は特に、僕の短所がためらいなく爆発していた時。何事も自分の価値観で決めがちな先生が担任で、相性もよくなかったんだと思います。当時の僕は、たとえ担任の先生でも発言内容が「間違っている」と思ったら、他の人の前でも躊躇なく指摘してしまう。

当然のごとくその先生からは嫌われ、問題児扱いされるようになりました。毎月のように家庭訪問が行われ、母親が注意を受けていました。

当時を振り返ると、多動傾向があったように思います。自分でも「あれ？　どうやら僕はちょっと浮いているのかも」と感じることも少なくなかった。

落ち着きのなさや、衝動にまかせて突発的な行動をしがちな性質。成長するにしたがって「こういう部分は隠しておかなきゃいけないな」と考えるようになっていました。でないと、先生が家庭訪問にやって来てまた親に迷惑をかけてしまうし、素の自分をさらけ出すと、友達にも好かれないんじゃないかと思ったから。

そこからは**普通という枠からはみ出た個性を隠しながら、客観性を持った子どもへ**

とセルフコントロールしていったように思います。今でも我を忘れて喜んだり、感情に任せて行動しないのは、この経験があるからかもしれません。

学校は「社交の場」だと思っていた

小学5年生以降、自分を外の世界に馴染ませようとしていた僕にとって、学校は「社交の場」。学校生活を自分らしく楽しむというよりも、常に自分を俯瞰で見て「みんなとうまくやれているかな？」と確認しているようなところがありました。

中学校は、親が一軒家を建てて引っ越すことになったので、同じ福島県いわき市内ではあるけれど、知り合いが誰もいない学校へ入学しました。しかしそこは剃り込み入りで眉毛がないヤンキーの先輩がバイクで登校するような、想像以上の激荒れスポット。真っ先に「ここでサバイブするの、大変そうだな……」と思いました。

とはいえ、最初は苦労したけれど、一緒にいて居心地がいい仲間にも出会えた。ヤンキーたちから目をつけられないようみんなで身を潜めつつ、絡まれた時には、適度に機嫌をとってうまくやり過ごす処世術を身につけたりもしました。

そんな学校生活の中で、ヤンキーのヤツらとも少し仲良くなって話をするようになると、彼らも家庭環境を含めていろいろと複雑な事情を抱えていそう。クラスメイトを見渡すと、程度の差はあれ多少の貧富の差もあるようだ、なんてことにも気がつきました。

そして先生用の「教師用指導書（授業をする上でポイントとなる点や参考事例を紹介する教師用の教材）」の存在を知ったのもこの頃。先生だって〝先生用の教科書〟を見ながら教えているくらいなんだから、当然非の打ちどころがない人間というわけじゃない。「指導力にも差はあるだろうし、体調や機嫌が悪い時があって当たり前だよな」と。

つまり**学校だって、それぞれに事情を抱えた人間が集まった〝大人社会の縮図〟**。「世の中は案外、世知辛いものだな」。そんなことを考えていました。

当時の本音を言えば、大好きな本や漫画などフィクションの世界に没入したままでいたいけれど、フィクションの世界では当然生きていけない。
だとすれば社会のレールから外れないために、学校という現実の枠内でポジションを築き、「**自分がちゃんと呼吸できる方法や呼吸しやすい場所を探さなきゃいけないんだな**」と悟りました。

進学先の高校は、地元の男子校。最初の数日は「見渡す限り、男だ……」と驚いたけれど、すぐに慣れて。漫画を読んでいる人がいれば、ひたすらサッカーボールを蹴っているヤツもいる。誰も人の目を気にしていないのが気楽でした。

小説や漫画、映画、演劇のマニアックな話はまだ誰とも語れなかったけれど、Aくんとはラジオ、音楽の話はBくんとできる。趣味について少しでも話せる友達ができたのは嬉しかったし、ゆるくつながれる仲間ができたのは、大きな収穫でした。

こうして振り返ると、特に小学校高学年と中学校は、自分をかなりコントロールして生きていたのでどうにも居心地が悪かった記憶があります。

そのクセがついたまま大学生になり、大人になった。今思えば、「悲観しすぎていたかも」「人生、ちょっと損したかもな」「もっと無謀ではっちゃけた学生時代を送れたんじゃないか？」なんて思わないこともない。でも、**あの頃の自分がいなかったら、今の場所にはたどり着いていない**から、多少なりとも**生きづらさを味わっておいてよかった**なと思います。

違和感だらけのオタク気質

想像がつきにくいかもしれませんが、小さい頃の僕は泣き虫で、大きい音が苦手で、怖がり。自分の世界に没入することも多く、幼稚園児の頃は、「マガーク少年探偵団！」シリーズ（イギリス版「ズッコケ三人組」みたいな作品）などお気に入りの本を小さなバッグに入れて持ち歩き、いつでもどこでもページを開いていたそう。寝る前には、その時に読んでいた本の二次創作を2歳下の妹に聞かせたり、布団にもぐって二人でロールプレイもやっていたらしいです。

小学生の頃は、漫画『ドラえもん』はすべて読んだし、クラスの友達と『週刊少年ジャンプ』を回し読みしながら『キャプテン翼』も『北斗の拳』も読み尽くしました。

当時大ヒットした「ビックリマン」チョコのシールを集め、小2の時に誕生したファミコンもめちゃくちゃやった。ニュースで取り上げられるほどブームになったカルチャーは、例に漏れずひと通り楽しんでいました。

さらに、祖父がたびたび送ってくれる荷物には、妹への少女漫画も入っていて、『ちびまる子ちゃん』がきっかけで少女漫画の面白さにも目覚めました。『ときめきトゥナイト』『姫ちゃんのリボン』『星の瞳のシルエット』なども妹と貸し借りしながら楽しみました。

特に夢中になったのが、一条ゆかり先生の『有閑倶楽部』。登場人物のキャラクターが魅力的で面白いし、社会の問題を描いたり、なんなら社会風刺までする大人っぽい視点にも惹かれました。そして何より、個性も目標もバラバラなんだけど、お互いを認め合いつつ、ゆるく連帯している倶楽部のあり方にぐっときました。

その延長で、押井守さんはじめスーパークリエイターにより結成された「HEAD GEAR」から生まれたアニメ『機動警察パトレイバー』のユニット感にも強く憧れましたね。

一方で、街から人が消えるほど人気だった伝説の番組「夕やけニャンニャン」はぜんぜん刺さらなかったし、クラスの男子全員が大好きな『週刊少年ジャンプ』も愛読はしていたけど、実は『週刊少年サンデー』派。僕は、**圧倒的に〝じゃない方〟に惹かれる傾向**がありました。

高校生の頃、夜中の3時に起きて聴いていたラジオでは、伊集院光という一人のアウトサイダーな若者の思いつきから、予想だにしない社会現象が巻き起こる。そこから伝わる熱量に刺激を受け、ラジオにも夢中になりました。

友達と行くカラオケボックスでは、周りと足並みを揃えて「X JAPAN」や「BOØWY」といった人気のアーティストのヒットソングを歌っていたけれど、本当は洋楽テイストの「フリッパーズ・ギター」が好き。

ウィットに富んだ「大人計画」や三谷幸喜さんの舞台を、生で観てみたい……!

地方出身者なら分かってもらえるかもしれませんが、インターネットもSNSもない当時、首都圏以外のエリアには、ど真ん中の流行りでさえ、遅れてやってきます。それは僕の地元も同じ。王道のエンタメでさえ時差がある時代だったから、**サブカル**

の世界は今よりも遠い存在でした。

ましてや知識や感動を共有できる人間を見つけることは不可能だと思っていました。心惹かれたエンタメカルチャーには、地元では味わえないキラキラした世界が広がっていたんです。

こういった〝じゃない方〟のエンタメの世界にどっぷり浸かる中で、第一線で活躍する人の中には、個性を生かして楽しそうに働いている大人が一定数いるらしいことを知りました。

そういう人を認識してはいたけれど、地元にはお手本になるような大人はいない。知っている大人は、親を含めてだいたいが会社員。だからこそ規定のレールから外れて個性を放任すると、会社員として組織の中で働けないし自立できないんじゃないかと自己分析していました。もちろん持てる才能を生かして働く大人になれる自信もなかった。

好きなものや、それに対するのめり込み方を踏まえると、僕はいわゆるオタク。当時オタクというと社会のレールから外れた人という印象が強かったし、「キモい」と言われがちな存在でした。そんな風潮もあったから、マニアックなエンタメへの情熱は開示しづらかった。

こういう状況に息苦しさを感じていたからこそ「カルチャーのことをとことん話せる友達ができるといいなぁ」。「それには東京に出るしかないのかなぁ」と考えるようになっていました。

高校3年の時、生まれて初めて両親にしっかり頭を下げ、東京の大学に行きたい気持ちを伝えたのです。もちろん「エンタメにどっぷり浸かりたい！」とは言わず、もっともらしい理由をつけましたが。

あれから約30年――。**僕は今も基本的にはオタク気質。**社会とのズレや違和感もそれなりに感じているし、正直、テレビ業界特有のノリにも馴染めてはいません。いくら経験を積んだからといって、花形とされるゴールデン帯の番組を何本も手がけることはできないし、芸能界の華やかなパーティーにも参加することを躊躇している自分がいます。

大人になるにつれてネガティブで生きづらい自分を理解し、どうしたら生きやすくなるかを考えていたから、世間でいう**〝勝ち組〟とか〝王道〟を無理して目指さなかった**（正確には目指せなかった）。**〝じゃない方〟の自分に折り合いをつけてきた結果が、今につながっている**のかもしれません。

クリエイティブな仕事は諦めていた

大学に入学した1990年代前半は、佐藤雅彦さんや大貫卓也さんなど、クリエイターによる先鋭的な広告が盛り上がっていた時。在学中はそんな社会の盛り上がりをひしひしと感じていました。

就職活動を始めるにあたっても、クリエイティブな仕事に対する憧れは変わらず持っていました。けれど、同期のキラキラした才能を目の当たりにしたこともあって、田舎出身の自分はおいそれと手を出せるものではないと、早々に諦めてしまいました。だからクリエイティブな職種は一つもエントリーしなかった。

第一希望の企業は特になし。営業職で受けた企業の面接が思いのほかスムーズに進み、「君に弊社の商品を売ってほしい」と言われることが何度かあった。こんな風に自分を評価してくれる企業に入社したほうが身を立てられるのかな、と考えるようになっていました。

一方で試験の時期が早いこともあり、当時、就活生のほとんどが記念受験感覚で受けていたのがフジテレビ。僕は、そこでも制作ではなく事業部門枠で受けました。その時にドラマプロデューサーの面接官から「なんで制作で受けないの？　作品の面白さをちゃんと説明できる人はクリエイティブ職に向いているのに」と言われたのです。勢いあまって地上波のビジネスモデルの古さを指摘したのが裏目に出たのか、役員面接で落とされはしたけれど、その時の面接官の言葉が、胸の奥にずっと引っかかっていました。

当時まだエントリーシートを受け付けていた唯一のテレビ局が、就職試験の日程が最も遅かったテレビ東京。「**ここで挑戦しなかったら一生後悔する**かも」と腹を括って制作部門でエントリーしたのです。

テレビ東京の採用面接では、一次面接から最終の役員面接まで、自分を偽ったり、嘘をつかずに話せた実感があった。留年するほど夢中になったエンタメのこと、テレビの世界でやってみたいことが、スムーズに口を衝いて出てきました。

当時の僕は、自分でも気がつかないうちに本音を隠していたんだと思います。業種を問わず受けたさまざまな企業の就職面接を通して、意外な形でクリエイティブな仕事への思いや自分自身の適性を知れたことは、ラッキーでした。

縁があって無事、内定をもらい、テレビ東京で働くことに。テレビ局員としての人生は、ここからスタートしたのです。

7章

他人にこそポジティブ思考

これまでお伝えしてきたように、自分の中にある陰な部分やネガティブな面とはきちんと向き合ったほうが人生がラクになる。一方で人に対してはポジティブを発動したほうが、圧倒的にいい循環を生みます。これも経験から分かったことです。

人に対してはポジティブであること。

この姿勢を持っておくと人間関係もスムーズになって、結果コミュ力も上がる。いわばごきげんを伝播させる、そんなイメージでしょうか。

最もシンプルで究極のコミュニケーションテクニックだと思うようになりました。

「褒め」こそ最強のツール

僕は悩みを相談された時には、解決法や直すべきところを伝える前に、その人のことをまずは全力で褒めるようにしています。

そうすることでその後の話も心を開いて聞いてもらえるようになるし、だいたいの悩みは単に聞いてほしいだけだったりも。そんな気配を感じた時こそ、とにかく相手のことを褒める。悩みとは関係ないポイントでも、とにかくその人の魅力を伝えると、ほぼ全員が元気モリモリになってくれます。

普段から、仲間内で呑んでいる時はもちろん、仕事で関わっている人の、いいところや好きな部分を見つけては、適切なタイミングで言葉にして褒めるようにしています。「これってもはや僕の趣味なんじゃないか⁉」と思っているほど。

振り返ると、高校生の頃からその兆候はありました。**人を褒めるって、すごくエネパ（エネルギーパフォーマンス）もコスパもいい。**僕にとっては**最強の趣味**なんです。

バナナマンの日村（勇紀）さんは、「芸人マジ歌選手権」の収録や「マジ歌ライブ」の後に僕が頭から芸人を褒めていく姿を見るのが、一番好きらしい。自分が褒められるターンが終わると、「佐久間さん、褒めるのホント上手だな～」とニコニコして、「じゃ、角ちゃん（※東京03・角田晃広さん）は？」「次は、秋山（※ロバート・秋山竜次さん）で」と、食事をしながら2時間くらいずっと〝ホメトーク〞攻め。それだけで喜んでもらえると、僕までなんだか嬉しくなってしまうのです。

初対面で「褒めラベル」を貼る

普段のコミュニケーションで相手を褒める絶好のタイミングはいつやってくるか分からないから、僕は出会った人にあらかじめ「褒めラベル」を貼って備えています。どういうことかというと、**人に会った時に、口には出さずとも、いいなと思うところを見つけておく**、ということ。

初めての人なら、第一印象で感じた「元気がいい」とか「やさしい」みたいな浅いレベルで十分。内容もひと言で完結にまとめる程度で問題なし。これを自分が気がついたタイミングで更新していく。（稀に更新されないこともありますが）付き合いを重ねていくと、ちょっとずつこの褒めラベルが増えるし、深くなっていくんですよね。これは**褒めのトレーニング**にもなります。

仕事でお世話になっている身近な人で、褒めるトレーニングをして成長した人がオードリーの若林（正恭）くん。彼はもともと超がつくほどの人見知りというのは有名な話ですよね。おまけに自分への評価が異常に低くて、悪い想像ばかりが膨らんで人と上手く話せないタイプでした。

その弱点を克服しようと決意して取り組んだことの一つが、他人のいいところを見つける作業。徐々に会話にも取り入れるようにしたら、スムーズに人と話せるようになれたそうです。

ネガティブな思考グセに陥らずに会話できるメンタルと、コミュニケーション力を培えたのか、印象もずいぶん変わりましたよね。克服するのには実は結構時間がかかったんじゃないかと思うけれど、その成長は彼がMCを務める「あちこちオードリー」などでご存じの通りです。

褒めると人の本質が見えてくる

一方で、こんな気づきもありました。それが、褒めるポイントを見つけようと相手を観察していると、たくさんのいいところと同時に、その人の弱点も見えてくるということ。

「どうしてそんなに承認欲求が強いのか？」「ファイティングポーズを取り続けて、一体何を守りたいのか？」――。その人の、いじっちゃいけない部分や尊厳のようなもの、その理由までもが、だんだん分かるようになるのです。

だからこそ、会話の中で急所や地雷を外せるし、あるいは話し合ったり、注意しなければならない時も、傷つけない言葉選びと伝え方ができるようになります。

褒めトレーニングをした結果、コミュニケーション力も上がる、ひいては**仕事でも自分のやりたいことが通りやすくなる。結局メリットしかない**と思っています。

縁を使い捨てない

褒めると同時に、僕がこれまで大切にしてきたことは、安直に人にマイナス評価を下さないことです。

組織で働いていると、人事異動で自分の部署に新しいメンバーが入ってくることはよくあります。

僕が上司として気をつけてきたことは、その人の前部署での評判がどんなに悪くても、あるいは良くても、その評判を鵜呑みにしないということ。なるべく**先入観のない視点でその人を捉え、できるだけプレッシャーをかけないように、得意分野を伸ばす**、ということを心がけてきました。

逆にダメな部分に気がついた時も「そういうところ、直したほうがいいぞ」と、フラットに伝える。

そうすると、前部署でパワハラにあってメンタルが少し弱っていた若手も、やりがいが見出せなくなっていた中堅も、元気になって、みるみる仕事がデキる人間になってくれることが多い。その後、出世した姿を見ると嬉しくなります。

実は一時期、社内で「佐久間の部署は再生工場」なんて言われたこともあったほど。人のことを簡単に見捨てない、前評判というフィルターをかけて人のことを評価しない。これは**せっかくできた縁を大切にする**、ということでもあると思うのです。

芸人さんやタレントさんとの仕事でも同じです。

特に芸能界は浮き沈みが激しい世界。ブレイクした後も変わらず最前線で活躍することは簡単なことではありません。これまでお世話になった芸人さんで、ブレイク後に人気が低迷した人、辛酸をなめて腐りきった人、本来の姿と芸風が乖離して病んだ人を、何人も見てきました。

だけど僕は、「実力がある人は、時間がかかっても絶対売れるし、復活する」と信じているところがあって。**そういう人こそ人間の面白みや深みがある**と思うから、どうにかしてその魅力を伝えられないかと考えてしまうのです。

方法の一つとしてはまず、その人が隠し持っている武器は何なのか？を徹底的に考えます。世間に知られていないその武器と、接点になりそうな企画を抱き合わせ、絶好のタイミングを狙って世に出す。自分を偽ってなりふり構わず芸をするより、そのほうがセカンドブレイクしやすいし、本人もその後、自然体でいられるからです。

それは、過ちや不祥事を起こした芸人さんやタレントさんについても同じ。人気がものを言うお笑い界においては、本人にマイナスイメージをはねのける圧倒的パワーや好感度があるケースは別として、ほとんどは出演番組がなくなることが多く、画面から消えていってしまいます。

一部の視聴者からすれば、「倫理違反した人間なのだから、当然」でしょうし、その解釈も理解できます。でも、まっとうなルートからこぼれ落ちたけれど、それでも生きていかなきゃいけないのが人であり、人生であって……。縁を使い捨てたくないという思いもあるから、そういう人のことがどうしても気になってしまって、放っておけないんですよね。

だからこそ「**絶好のタイミングを見計らって笑いに変えたい**」と、虎視眈々とチャンスとタイミングを狙っています。

共感力を人のために使う

こういう放っておけないという気持ちは、小学校時代から始まっていたのかもしれません。

小学生の頃、2ヶ月くらいですがいじめられたことがあります。

理由は、他県からやってきた転校生に、僕が学校のことをあれこれ教えたり、いろいろな場所を案内する中で、仲良しグループで作った秘密基地の場所をその子にも伝えたから。

仲間からハブられながらも、内心、「(一つの場所を勝手に独占して必死で守ろうとする姿を見て) どうしょうもねぇなぁ」と、ここでも厭世観を抱きながら現実に対処していました。

自分のことを含め、学校や家の環境もどこか遠くから眺めるようなところがあった僕は、困っている人がいたらどうも気になって少々おせっかいをしてしまうタイプだったように思います。

僕も小学校の環境や生活に自分をうまく馴染ませられていなかった。だから、**世間的に正しいとされる秩序からちょっとズレたり、学校のシステムから外れているタイプの子と自分は何が違うか?と問われたら、何一つ違わない**と思っていました。

それもあって、当時は、**自分だっていじめられる側や、いじめる側にいつなっても**

おかしくない、という気持ちが常にありました。

つい助けたくなってしまう、おせっかいをしてしまうのは正義感からではなく、共感からなんだと思います。

今も心のすみっこに、「社会のシステムから外れるのは何も特別なことじゃない」という気持ちがあります。だから、よほどのことじゃない限り、どん底を経験した人にも、セカンドチャンスの機会や敗者復活の舞台を用意したい。

負の感情や味わった試練こそ、笑いでまるっと包みたいと考えています。

他人の人生をすべらせない

コロナ禍を経て2023年9月にさいたまスーパーアリーナで「ゴッドタン マジ歌ライブ2023～マジオールスター歌謡祭～」が開かれました。リアルなイベントは3年ぶりだったから、会場には熱気がありました。

バナナマンの日村さん、東京03の角ちゃん、劇団ひとりなどに続き、いよいよ〝鬼才〟ロバート・秋山さんの「THE・オメガ」のネタのターン。ここではシークレットゲストとしてＴＫＯの木下隆行さんが登場。どん底から（秋山さんのネタである）新興宗教のオメガに入信して救われた、という自虐ネタに約１万５０００人の観客が大爆笑！　会場は揺れ、木下さんは感極まった表情に。この笑いは、木下さんの過去の失敗という〝フリ〟がなかったら生まれなかったものだと思います。

「マジ歌ライブ」に来るお客さんは、そういう流れを受け入れてくれる人が多いし、これまで培ってきた番組の空気感や、ファンの方のやさしさと温かさが胸に迫った瞬間でした。いやぁ、笑った！

自分の仕事で他人の人生まですべらせたくはないし、誰かを救う**「再生工場」みたいな場でありたい**と思っています。

そのせいか現場でうまく流れに乗れなかったり、すべった人のこともフォローを入れつつ面白くなるような編集をしがち。その結果、大ウケした人との笑いの差が縮まって、どこか仕上がりが甘くなる。

それが自分の弱点だとよくよく分かってはいるんだけど、やっぱり救いたくなっちゃうし、僕との仕事が道を開くきっかけになってほしい。結局は関わってくれた人に幸せになってほしいんですよね。

「フレンドリードライ」な距離感を保つ

仕事仲間には、人情も愛情ももちろんあります。だけど、**適度に距離をとる**ことも心がけています。

こういう僕も、20代は人間関係で悩んだこともありました。とにかくがむしゃらに働いていたから「頑張っているんだから分かってくれよ」とか「俺はこんなに働いているのに」という思いが態度に出てしまっていたし、人に対しての気遣いがおろそかになっていました。

一緒のチームで働いている人に対しても、自分と同じくらい全力で働いてくれると期待した結果、それが叶わず、勝手に失望することもありました。

仕事が多忙で疲れているのに、職場の人間関係の細かいところまで気にしてますます疲弊する。仕事の関係者を個人的に信頼してしまった結果、大いに傷つくなんてことも。

その時、友達と呼べる人は学生時代の親友だけで十分じゃないか、と思ったのです。彼らはきっと、僕が何かの間違いでスキャンダルや事件を起こしたとしても、態度も関係も変わらずにいてくれるだろうから。

仕事で関わる人たちは、仲が悪いわけでは全くないし、信頼もしているけれど、友人ではなく「仕事仲間」なんだと、いい意味で割り切るようにしました。

冷たく聞こえるけど、そうではなくて、**友達ではないと意識することで礼儀を持って適度な距離で接し、なあなあの関係にならない**ということ。

節度を保った仕事仲間だからこそ、無下にすることなく敬意を払えるし、横柄な態度になることもない。場合によってはメンタルが揺さぶられ、仕事のパフォーマンスを落としかねない**人間関係上のストレスを、あえて距離を保つことでできるだけ減らす**ことにしたのです。

僕が入社したばかりの頃のテレビ局員、特に番組制作に携わる人間には、偉そうな雰囲気を出す人が、確かにいました。

生意気かもしれないけれど、仕事で結果を出していない上司や先輩がそういう態度でいるのを、内心ダサいと思っていました。

そういう人たちを反面教師として、社内の他部署の人はもちろん、協力会社や業務委託している人に対しても、決してぞんざいな態度をとらないように心がけてきたつもりです。

フレンドリーだけど、ドライ。「親しき仲にも礼儀あり」の諺《ことわざ》のように、誰とも馴れ合わない、**ベタベタと依存し合わない関係**を貫いてきました。

20年経った今も、古巣のテレ東の社員とも、制作スタッフとも、芸能事務所やタレントさんとも、関係性はあいかわらず「フレンドリードライ」のまま。

義理や情をできるだけ仕事に持ち込まないようにしたいから、会うのは極力、仕事の現場です。実際、芸能事務所のマネージャーやタレントさんと一緒に呑みに行く機会もかなり少ない。

本音を言えば、本来の僕は情にほだされやすい人間。親しくしているタレントさんに気を使って、編集でその人の発言などをカットできなくなる自分が怖い、というのが最大の理由だったりします。仲間との心理的な距離が近すぎると、仕事に〝バグ〟を起こしそうで、それが怖いのです。

仕事をお願いするかどうかの判断は、僕が引き出せそうな才能があるか、面白いか。そして**できるだけ多くの人が公平にチャンスを掴む場を設けられるよう、フラットな関係を保つ**ことを心がけています。

逆に友達じゃないからこそ、僕自身も仕事相手からは利用価値があるかどうかを判断されることになる。**手を抜かない、抜かれない。人を軽んじない、ナメられない。**新しい作品を作り続けるためにも、**尊重し合える関係が理想。**そして、僕自身も仕事をしたいと思ってもらえる人間であり続けたいし、魅力的だと思われる現場を作り続けたいと思っています。

8章

「ネガティブ沼」からの守り方

「孤独のメンテ」で整える

ネガティブ思考を完璧にコントロールできたらいいけれど、いつもうまくできるわけじゃない。ネガティブの沼に落ちることは人間ならあって当然のこと。だからこそ、落ちそうになる傾向と、そうなった時の自分自身をケアする方法を知っておくことが大切です。

2章でも触れた通り、僕の場合は、自分への小さなごほうびを至るところに用意しておくことが必須です。

ごほうびの内容は、観る、癒す、食べるなど。普段の行動範囲を少し広げて、板橋や南長崎といったエリアで飲食店や銭湯を探索しながらの街歩きも、地方に行くのも好き。

先日は、半日だけ急にポカンと予定が空いたので、新幹線に飛び乗って宇都宮のフレンチレストランへ行きました。北海道で講演がある時は、憧れの寿司屋の予約受付日が前月の1日限定だから、朝10時から電話をかけまくって予約にこぎつけたりも。

広島での仕事では、2ヶ月前から行きたいレストランの予約を入れて挑みました。自分でもびっくりするくらいの熱量と圧倒的なスピード感です。

街を巡ると、そこに根づくカルチャーや人々の生活が垣間見えるのも楽しい。喫茶店や商店街に立ち並ぶ惣菜屋、街中華……このエリアが好きで、盛り上げようとする姿にぐっときちゃうし、みんな個性的で面白いし、生き様もカッコいい。

こういう時間に浸る時、僕は基本的には一人。半ば強制的に一人になって、ただぼーっとする。これが何よりも気がラク。一人の時間を深く味わうと、気持ちがスンと整って、改めて周りの人にも気を使えたり、やさしくなれる気がするんです。

「小さな成功体験」を作る

「エンタメと、小さなごほうび以外の趣味は何ですか?」と聞かれたら、迷わず「料理です」と答えます。始めた理由は短い時間で達成感を味わえるのと、他人が確実に喜んでくれるから。日常で最も手軽に得られる成功体験だと思います。

高校時代の3年間は、今はなき地元のカレー店「グラフィティ」で、大学3年からは新宿の居酒屋でアルバイトをしていました。自炊するようになったのは、大学2年の時に下井草のアパートで一人暮らしを始めてから。

その頃から僕の部屋は、サークルの仲間に加え、実家住まいの友人たちの溜まり場になっていました。8人くらいが入れ替わり立ち替わりやって来ては、サッカーゲームでリーグ戦を組んだり、とにかくくだらない話ばかりをしていた。友達とその彼女間で揉め事が起きた時は、話し合いの場として自宅を提供し、コーヒーを淹れて「冷静になれよ」なんて、なだめたこともあります。

飲食店のバイトで得た経験をフル活用して、酒を呑む日は、つまみになるおかずを作ってもてなしたり、冬には鍋をふるまったりもしました。

娘が高校生になった今は、週1〜2回のペースでお弁当を作り、スケジュールに余裕がある日は、家族分の食事を作ることも。先日は、僕の得意料理であり、娘のお気に入りメニューのひとつ、LINEでリクエストされた「塩昆布の和風スパゲティ」

を作りました。炒めた玉ねぎとベーコンに茹でたスパゲティを加え、塩昆布と顆粒の和風だしとしょうゆ、仕上げにバターを加えた、ごく簡単なものなんですけど、好評なんですよ。

振り返ると、**料理は「自分のため」というよりも、常に「誰かのため」に作っているような気がします。料理ってレシピ通りに作れば、よほどのことがない限り失敗はありません。おまけに人とのコミュニケーションツールにもなるし、感謝までされちゃう（僕の場合は、家族ポイントも貯まってなおさらお得です）。そして、自分もごきげんになれる。

料理でなくても、趣味や得意なことを生かして、**自分の生活の中に小さな成功体験が作れると、きっと気持ちをホクホクさせておくことができる**と思います。

夫婦関係は「予防」が肝心

僕は今、テレ東時代に社内結婚した2歳下の妻、娘と3人で暮らしています。

娘が泊まりがけのスキー合宿に行った日の夜、「あれ？　いつまでたっても家に誰もいねぇなぁ」と思って妻に電話をかけたら、知らぬ間に彼女がハマっている韓国にいました。そうかと思いきや、自転車をガンガンに飛ばし、産地直送市場へ通う。店舗の方からは「毎週末現れては旬の食材を買う常連さん」としてお馴染みらしいです。

漫画も大好きで、『ハイキュー!!』に突然ハマって1週間で最終巻の45巻までを読み切っていたので、「俺も読み返したいから、Ｋｉｎｄｌｅ貸してよ」と言ったら、「見せたくない漫画がたくさんあるから嫌だ」と断られました。「面白いなぁ」としみじみ思います。

そんな妻とは、僕が27歳、妻が25歳の時に結婚しました。

妻がテレ東に入社して間もない頃、僕が住むマンション近くにたまたま越して来たのが仲良くなったきっかけ。何人かで引っ越し祝いの呑み会を僕の部屋で開いた時に、少々オタクな本棚に興味を持ってくれたみたいでした。そこから漫画の貸し借りをするように。

まだまだ若かった当時は結婚なんてピンときてなかったし、40歳くらいまで結婚しない人間なんだろうな、となんとなく思っていました。

けれど、付き合っている旨を妻の両親に報告に行った時に、「娘をよろしく頼む」と、なぜか義父からプロポーズされ、「分かりました、幸せにします」と返事をしてしまって。そこから結婚ストーリーが始まりました。

会社員時代の後輩たちから「夫婦関係がうまくいく秘訣はありますか?」と質問されることがあります。その上で僕自身が心がけているのは、**問題が起こる前に「予防」すること。**これも**健康と一緒**なのかもしれません。

夫婦間によってパワーバランスも、家事を行うパーセンテージも、その関係性はさまざまだとは思います。けれど周りを見回すと、夫婦が揉め始めた時にはもう関係修復が難しい段階だった、ということがほとんどのような気がしていて。

未然に防ぐには「自分たちが今、どんな状態か?」「何か問題を抱えていないか?」を常に気にするようにしておくこと。ケンカになる前に、原因になる種を見つけて解決するように努力している(つもり)です……。

我が家は共働きにもかかわらず、家事の面で明らかに妻に負担をかけています。数年前、子育てもあって、今以上に妻のタスクが多くなり、亀裂が入りかけた時がありました。その時に改めて家事の分担について話し合いを行った結果、家事の一部をアウトソーシングすることに。物理的な負担を減らした結果、精神的なゆとりも生まれ、揉め事も減りました。

あとは、世間に向けて「僕は家事もちゃんとやっています」とか**「いい夫」アピールをしないこと**でしょうか……。

娘の「好き」は一緒に楽しむ

親として心がけているのは、娘が**好きなものをちゃんと否定せず認める**のと、**大事にしていることに一緒になって興味を持つ**こと。

その一方で、男親なので彼女の**テリトリーにぐいぐい足を踏み入れすぎない**ようにもしています。本当に大事な話は母親に相談していると思うので、僕と話すことといえば、エンタメのことと学校や友達との面白話くらい。

あくまでも話し相手の一人、くらいのスタンスに徹するようにしています。

妻の負担とは比べものにならないけれど、30代の働き盛りに子どもを持ち、仕事と両立するのは大変だったなと思います。当然焦りもありました。

でも、どこか絶望していた自分自身の人生を、娘を通して生き直すような感覚を味わえたことは大きな経験でした。

「ピラメキーノ」という番組を作るきっかけも娘だったように、仕事でも大いにインスピレーションをもらっています。アニメやボカロ、VTuberなど若者のカルチャーにもついていけるのは、ティーンの娘と一緒に観ているから、というのも大きいです。


娘が小学校低学年の頃は、娘の悩み一つひとつに「これじゃいけないんじゃないか?」「この子が生きやすくなるにはどうしたら?」と自分も思い悩んだ時期がありました。

けれど、成長するにつれて、「クヨクヨしたって、最終的に親はどうすることもできないしなぁ。だったら**めちゃめちゃ好きだよってことを伝えたほうが、ずっといいな**」と思うようになりました。そして、今現在は、親バカになりきってとにかく褒めに徹しています。

「前髪切った」と言われたら、「そんなに似合うとは！」と少々オーバーに感動したり、写真が送られてきたら「永久保存します！」と嬉しさを伝える。そして褒めまくってウザがられるまでが1セット。半分コントみたいなことを毎日繰り返しています。

親友たちがごきげんの素

50歳手前のおじさんの意見として伝えたいことは、**ふと時間が空いた時にごはんに誘える友人は、ほんの数人でいいから作っておいたほうがいい**ということ。でないと、交友関係が狭まる40代以降の人生は、急激に寂しくなるように思います。

僕にとってそんな存在が大学時代の同級生。商学部では、強烈かつ異常なオタクの友達に出会いました。当時は池袋に彼の実家があって、2階にある部屋に遊びに行くと、床が抜けそうなくらい膨大な量の本。深めのＳＦから映画、舞台まで、気を使わずに心ゆくまでエンタメを語れる存在になりました。これまでの人生で自分のサブカル好きを全開にして話せる友人はいなかったから、彼との出会いはとても大きかったです。

彼をはじめ、ｐ１８２で登場する仲間に関しても全員の性格が穏やかだからか、仕事の愚痴をくどくど言うこともなく、ケンカもない。貸し借りのないフラットな関係だから、ずっと変わらない立場で付き合える。疎遠になったことがないんです。

今も、スケジュールがぽっかり空きそうな日ができた↓家族との予定もない↓行きたいレストランの４人席なら空いている――。そんな状況になったらこのメンバーのＬＩＮＥのグループで声をかけ、参加できた人とテーブルを囲んでいます。

ロールモデルに立ち返る

最近は出演者としてメディアに出る機会も多くなったせいか、僕自身を知ってもらえるきっかけが、会社員時代とは比べ物にならないほど増えました。

衆目を集めるぶん、視聴者の方すべてが僕に興味を持ってくれるわけではないし、好意的に受け取ってもらえるわけでもないことは覚悟しています。


会社員として20年以上働いて、独立してここ2~3年は思いがけず露出が増えました。僕の一連の仕事の変遷を知っている人もいれば、裏方にもかかわらず急にテレビに出るようになって、とネガティブに捉える人もいるでしょう。

だからこそ、これから先は自分という人間を誤解されることも多くなるだろうし、心無い非難を浴びたり、誹謗中傷を受けることがあるかもしれないと時々考えたりします。


ふと後ろ向きになった時は、誰かに誤解されても、仕事でうまくいかなくても、その時の行動一つひとつが目の前の人に対して誠実であれば、最終的に人生が終わるほどのひどいことにはならないだろう、と思うようにしています。それは「徳を積む」ということに近いのかもしれません。

人生は楽しいばかりじゃなく、しんどくなったり、つまずくことも少なくありません。そういう時こそ、行動や考え方の模範になっているロールモデルを持っていれば、その存在に救われることもあると思います。

僕にとってはそれが両親です。

父親の「そんなところまで頑張るんだ」という仕事への粘りや手を抜かない実直さ（17年前に亡くなった後に分かったのですが、手帳には、日々の仕事の反省が細かく記されてありました）。

決して陰口を言わない母親は、パートで働いていた時に、職場の正社員の女性たちが実家に悩みを相談しにくるほど信頼されていた〝伝説のパート〟。血がつながっていない上、年に一度しか顔を合わせなかった祖父の妻（実の父の再婚相手）を、最期まで面倒を見た人でもあります。

迷いが生じたら、ロールモデルでもある両親のことを思い出すようにしています。

心を救われたエンタメ作品たち

社会人になってから救いや励ましになった、心のお守りのようなエンタメ作品もシェアしたいと思います。

「よし、がんばろう」とモチベーションを上げてくれるのが漫画『ハイキュー!!』。補欠を含めどのポジション、どんな実力の人にも、バレーボールの魅力や楽しみを感じさせてくれるところが最高です。特に一度部活から逃げ出したことがあり、他の選手ほど競技にも夢中になれない縁下力選手が、自分を奮い立たせる瞬間が好きで、事あるごとに読み直すほど。『逃げる方が 絶対後から しんどいって事は もう知ってる』という名セリフには何度も救われました。

ネガティブな感情から抜け出したい時に観るのは、映画『ギャラクシー・クエスト』。往年のＳＦドラマ「ギャラクシー・クエスト」に出ていた俳優たちが、彼らを本物の英雄だと信じる宇宙人により、リアル宇宙戦争に巻き込まれていくというＳＦコメディです。偽物が本物だと勘違いされるという設定の作品はたくさんありますが、その中でもとても上質なコメディとなっていて、観るたびにワクワクします。「ネバーギブアップ！　ネバーサレンダー！」という、ずっと空虚だった往年のドラマのセリフに、もう一度魂が宿る瞬間がたまらない。

「劇団ままごと」による「**わが星**」は何度もDVDを観て元気をもらいました。80分ほどの演劇なのですが、時報をベースのトラックにしたヒップホップミュージカルとでも言うべき作品。人の一生を星の命運になぞらえ、ある少女の誕生と消滅をささやかに、そして壮大なスケールで描きます。特に親友の月ちゃんが手紙を読むシーンは、いつも胸が熱くなります。

映画『**グレイテスト・ショーマン**』の関連動画もおすすめ。まだ映画製作が決定していない段階で、レティ役のキアラ・セトルが初めて「**This Is Me**」の生**歌を披露した、ワークショップ・セッションを捉えた映像**が素晴らしいのです。まだ無名の人間が、自分を信じてその力を人に証明する瞬間は、胸に迫るものがある。シネマトゥデイのYouTubeで気軽に見られます。

三谷幸喜さん脚本のテレビドラマ「**王様のレストラン**」はもはや永遠のバイブル。見始めると、毎週放送を楽しみにしていた大学2年生の春から夏の頃を鮮明に思い出します。僕は三谷さんの、自分が好きなことやアンテナに引っかかったことを血肉にして、日本ならではの少しのウェットさを加え、三谷さんにしかできない作品にしていく姿勢にいつも感動させられる。面白さが時代を超えてつながっていく、そんな感じがして、一生好きな作品です。

同じくバイブル的な本と言えば、『**調理場という戦場**』。フランス料理界のレジェンドであり、孤高の料理人・斉須政雄さんの著書です。フランスでの修業時代からの熱くて深い仕事論や組織論が宝石のようにちりばめられています。料理人だけでなく、働くすべての人に刺さる素晴らしい本で、赤線を引きながら読んだほど。

特に印象的だった文章は、『才能というもののいちばんのサポーターは、時間と生き方』というもの。自分に才能があるなんて思っていなかったけれど、何かしらの能力を発揮するとしたら、時間と生き方を大事にしないと輝けないまま、腐ってしまうんだな、と気がついた。20代の頃に出合った、大切な本です。

9章

「ごきげん」が生きる力

「いつ死んでも幸せ」な境地へ

僕はもともと人生に厭世観を抱いているところがあったし、何かに期待を寄せることもなければ、大きな夢も抱かずに生きてきました。

そんな僕は、ある時から「いつ死んでもいいように生きたいなぁ」と思うようになりました。

こう考えるようになったきっかけが、父親の死。

父親は福島の田舎町出身で、木材の輸入会社に勤めていました。その父親が55歳、僕は30歳の時のことでした。仕事中に突然、母親から「(父親が)出張中の中国で倒れた」と連絡が入ったのです。心筋梗塞の発作が起きたのは、空港から一日近くかけて車を走らせるほどの山間部。僕は仕事でどうしても行けなかったので、母親と妹が大急ぎで現地へ飛びました。が、山奥だった上に近くに病院が一つもなく、2人が駆けつけた時には手遅れだったそうで……。不運が重なりました。

亡くなってから知ったのは、当時、父親は地元福島での通常業務に加え、定期的に北朝鮮との国境に近い中国奥地の工場まで木材を検品しに行く業務を担っていたらしいこと。50代の体には相当きつかったはずなのに、一度も愚痴を聞いたことがありませんでした。

父親からは「勉強しろ」なんて一度も言われたことがないし、息子の人生に親のエゴを押し付けるようなことも一切なかった。会社の人や地域の人からも慕われていて、息子の僕から見ても〝いいヤツ〟。

そんな真っ当に生きたいい人間でも突然命を落とすことがある。この世は無情だ……としみじみ思いました。

父の突然の死からうまく気持ちを切り替えられない日々の中で、娘が生まれました。仕事は多忙を極めていたし、家では初めての育児でてんやわんや。なのに茫然自失になる瞬間がふと襲ってくる。夜になっても眠れなくなることが増えて、睡眠障害のような症状が半年ほど続きました。

やり場のないこの気持ちをどうにかしたくて、父親の好きなところ、いなくなって寂しいこと、父親を失った自分の素直な気持ち、思い出などを、誰に見せるわけでもなくとにかく書き出してみました。続けていくうちに、ぐちゃぐちゃだった感情が、**書いて吐き出すことで整理できるように。**

父親の死、さらに28歳でガンで亡くなった同い年の仕事仲間の喪失体験もあって、「ぼんやり過ごしていると、人生なんてあっという間。このまま中途半端に終わってしまう可能性、全然あるよな」と思うようになりました。

人生は、何が起こるか分からない。

だからこそ後悔がないように、どんな仕事も「このくらいでいいや」と思わずに、**自分なりのベストな結果にたどり着けるよう準備万端整えて臨む**ようにしています。

もちろん人とも、「**不機嫌なまま、人と別れるのはやめよう**」なんて考えるようになりました。

ちなみに、妻は時々「もし、明日私が死んだとしても、私は幸せだったと思ってください」と冗談半分で伝えてきます。僕も今、それに近いことを思っているかもしれません。

自分自身のゲームプレイヤーになる

父親の死と娘の誕生という人生の大事件が一気にやって来た当時、自分の感情を日記に吐き出し、自分の状態を知ることは、なかなかしんどい作業でした。けれど続けるうちに**心の奥底に潜む感情を、客観的に見つめられるようになり**、最悪のメンタルコンディションからも抜け出すことができました。

この経験をきっかけに、これまで以上に、まるでスイッチを切り替えるように感情と自分とを切り離して観察することを会得した感覚があります。

感情は、ただそのありようを観察する。
その上で今、できることをする。

たとえば仕事やプライベートで想定外の事態に遭遇した時。「混乱したり動揺している」「腹立たしい」など、自分は今どういう状態で、どんな感情を抱いているのかを観察する。
感情を受け止めきると、「起こってしまったことは仕方がない。少しでもベターな結果になるための行動をしよう」と、現実的な対処方法へとマインドをシフトできるようになります。

この感覚は**ゲームプレイヤーのマインドに似ている**のかもしれません。ゲームに没入しているとラスボスに対峙して緊張したり、予想外の展開にハラハラしたりする。だけど、その後すぐに頭を切り替えて冷静にプレイする——。こんな風に**自分自身を操作する感覚や俯瞰で見る視点**を持っていると、しんどいことがあった時でも、感情に飲まれにくくなる。自分をコントロールしやすくなると思います。

これからも「ごきげんなおじさん」宣言

やりたい仕事に全力で携わり、たくさんのチャレンジをさせてもらっている時点で、今の状態は僕にとっては**最高のごほうび**であり、**人生のボーナスステージ**だと思っています。

昔から空想が大好きで、架空の世界や冒険をいくつも思い浮かべていました。その少年がいいおじさんになって、プロデューサーとして企画を立てたり番組を作るのも、この楽しさの原体験に近いものを感じています。

作品に携わらせてもらって、「面白いね！」「なんだよコレ（笑）」と、反応もさまざまに楽しんでもらえる。それがとてもありがたく、「仕事をしているだけで幸せ」というのが心からの本音です。

「もっと成功して、自分のポジションを固めたい」というよりも、**どれだけごきげんでいられるか、どれだけ人を恨まずに生きていけるかのほうが自分にとっては大事。**「出会った人には嫌な思いをさせたくないな」「一緒に仕事をした経験が、相手の宝物や財産になるといいな」という思いが根本にあるのです。

人生いつ、何が起きるか分からない。もしかしたら、目の前にいる人にはもう、今後、一生会わない可能性だってある。だからこそ常に、ごきげんな自分で接していたいと思うのです。

今日を楽しく、**ごきげんに生きていると、いい循環が生まれ、新しい縁ができたり、ワクワクする仕事が舞い込んできたりする。**これからもできる限りそうありたいですよね。

振り返ればヤツが見ている

番組制作に携わっている以上、「こんな人たちに見てもらいたい」という願望はあるし、見てくれる人のことを常に意識して作っています。だけど、その先には、いつだって**自分自身をじっと見ている10代の頃の僕がいる。**

「うわっ、やべー！　新しい漫画出るわ！」と、福島の田舎で純粋に漫画の発売日を心待ちにしていたあの頃の自分。僕のコンテンツを見てくれるさまざまな受け手の先の、最終地点にいつもいる〝ヤツ〟に向けて作っている感覚が、僕にはあるのです。

10代の頃の僕がワクワクするものを作れているだろうか？ということは根っこの部分で強く意識しているし、福島でエンタメの世界に憧れていた僕が今の自分をずっと見ているおかげで、ただただ楽しく仕事と向き合えている。なぜなら〝ヤツ〟がずっとやりたかったことだから。

内心、今も「めちゃくちゃ人気の芸人さんと関わって、なんなら番組も一緒に作っているぞ。いわき市に住んでいるさくまのぶゆき君はさぞ嬉しいだろうな」なんて思いながら仕事をしています。

「東京にいないと面白いものには関われないんだ」と絶望していた〝がきんちょ〟の僕にとっては、エンタメにまつわる仕事に就けたことは最初のゴールテープを切れたようなもの。だからなおさら、**彼をがっかりさせるようなことはしたくない。**

理不尽な発言や、パワハラみたいなカッコ悪いことはするなよ。エンタメの楽しいフィールドを荒らすなよ。次の世代にバトンを渡せよ——。

彼の存在が、今も僕を律しているし、背中を押してくれてもいるのです。

特別対談

付き合いは約30年！
親友たちが語る「佐久間宣行」

「こいつらがいれば、人生楽しい」と佐久間氏が語る、最強の友人たち。毎年欠かさず行われる忘年会を目指して一同が集まるとの情報をキャッチし、緊急インタビューを実施。その実像を存分に語ってもらった。

PROFILE

八坂

学生時代から著者と二人で映画をはじめ、電気グルーヴのライブ、極楽とんぼの単独ライブなどのエンタメ系のイベントに行っていたそう。

朝倉

「何かと“事件”を起こす人間だ」と一同が語る、エピソードメーカー。佐久間氏は学生時代から彼のエピソードが好物だったそう。

井上

広告研究会の仲間らと「胴上げ同好会」なるものを創設し、仲間の輪ができるきっかけを作る。今回同好会の法被《ハッピ》とともにインタビューに参加。

高橋

著者宅に、多い時で年間150日以上滞在していた。故に仲間からは「キング」と呼ばれる。入り浸ってはさまざまなゲームを日々共に楽しんだ。

阿部

佐久間氏が「異常なオタク」と言うほどエンタメやカルチャーネタに詳しい。「オールナイトニッポン0（ZERO）」でもそのオタクぶりが披露される。

仲良くなったきっかけは「胴上げ同好会」!?

——佐久間さんと仲良くなったきっかけを教えてください。

井上 僕と朝倉、高橋、八坂と佐久間は広告研究会（以下、広研）で同期で。僕が大学1年の12月に「胴上げ同好会」っていうのを仲間らと立ち上げて、そこに賛同してくれたメンバーが朝倉、高橋、八坂を始め全部で10名くらいいて、そこで仲良く……。

——胴上げ？……ですか？

井上 当時、大学合格者は構内の掲示板で発表された時代で、発表の日に受かった人を胴上げで迎え入れようっていう会です。佐久間も同好会に誘ったんですけど、アイツはなんだか煮え切らない態度で（笑）。だけど普段からよく集まるようになって、なんとなく彼の家に入り浸るようになりました。

朝倉 僕は佐久間の家と実家が近くて、チャリでよく行ってましたね。共通の友人とその彼女が喧嘩した時の話し合いにも一緒に立ち会ったり。彼の下宿は、行けば誰かが必ずいるっていう場所でした。

井上 我々全員の汗を吸いまくった、きったないソファがあったのを覚えてますね。

高橋 自分は一番多い時で年間約150日くらいはいましたね。ジョホールバルの歓喜（※1）も、在ペルー日本大使公邸への突入の瞬間（※2）も、佐久間宅で目撃しました。

——青春時代を共に過ごした場所なんですね。

井上 結局、佐久間は自分は胴上げ同好会のメンバーじゃないけど、たまり場として自宅を提供していた、という主張なんですよね。

だけど、毎年末に集まってるのは、そもそもは「胴上げ同好会の忘年会」という名目なんですよ。だからもうね、彼にもそろそろ正規メンバーだと認めさせましょう。

昔から光っていたトーク力。唯一その才能をバグらせた存在とは

――佐久間さんの第一印象は？

阿部　僕は大学1年の時に同じクラスで。入学式の時にたまたま席が近くて、思い切って話しかけてみたら、まーぁ、よくしゃべるしゃべる（笑）。会話を大回しして、当時からトークが冴え渡っていた印象です。

八坂　確かに昔から話のオチは必ずあった。

高橋　昔から「盛り」みたいな演出も必ずあったよね（笑）。トークを盛るっていう概念も僕ら一般人にはあまりない時代だったのに。

井上　事実は変えない範囲の演出っていうね。ただ、その内容がネタにされた本人も心地よくなる、誰も傷つけない「盛り」なんだよね。ふわふわ〜っと上から刻み海苔をふりかけるくらいのやさしさ。だから誰も文句がない。

阿部　昔からエピソードトーク力があったけど、一度だけあれ？って思ったことがあって。佐久間に誘われて二人で飲みに行った時に、「会社の1期下の女性の後輩が近所に引っ越してきてさー」って話が始まって。でも向に盛り上がりがない。いつもはしっかりパッケージングされたトークを繰り出すのに、その日の話は展開も、情報の出し方もめちゃくちゃで。正直何が言いたいんだか全然分からなかった。終始ぼんやりした話を40分くらい聞かされてたら、最後にふわっと「……で、その子と近所の公園でばったり会ったんだ

よ」って照れ臭そうに言われて。そこで初めて気がつきましたね。「あ、これノロケだっ！」って（笑）。結局今の奥さんとの馴れ初めの話をしてた、っていう。

八坂　あのトーク力がバグったんだ（笑）。

阿部　約30年の付き合いであんな取り留めない話をされたのは後にも先にもこの時だけ。

井上　自分のことをあんまり話さないから、それも珍しいよね。

高橋　そもそも相談もあまりされないですしね。昔から基本的に自分が何をしたらいいのかというのは自分で決めていた人でした。

貸し借りないフラットな関係。だからこそ育まれた絆がある

――逆に相談に乗ってもらったことは？

八坂　それもあんまりないですかね。

高橋　重い話とか深い話もしたことないよね。

阿部　佐久間自身が、深い話を避ける傾向はない？　そういうものも笑いに変換して話そうとする感じがある。根っこの部分にはやっぱり「陰」なところがあるんだと思うけど。

高橋　最終的には悩みもお互いの重い話もしないから結局貸し借りのない関係なんですよね。フラットというか。

八坂　前は払ってくれたから、今日は払うよ、みたいな奢り奢られ、という金銭的な貸し借りも一切ない。それを貫いてるのはスゴい。

高橋　1000円のタクシー代もきっちり割ってるしね。

朝倉　でも僕は佐久間に謝りたい、というかお礼を言えてない案件が……。自分の結婚式の二次会の司会をやってもらって。当時かなり忙しい佐久間に急に頼んだのにもかかわら

ず、快く引き受けてくれたお礼が未だに伝えられてない。それが気になっていて……。

高橋　でもその結婚式の一次会に佐久間は遅刻してきたよね。電話したら奥さんが出て「仕事で疲れ切って寝てます……」って。結局式の最後のほうにやって来たはず。

朝倉　えっ!?　そうだった?　当日いろいろあったから忘れてたな……。

――やっぱり貸し借りなしなんですね。

八坂　今、急に思い出したことがあって。佐久間の親父さんが亡くなった時にみんなで葬儀に行ったんです。葬儀場で彼が我々を見つけた時、「あ、こいつら来てくれたんだ」っていう顔をしたんですよ。瞬間的に目から涙がぼんっ!て溢れる、みたいな表情があって。それを見た時は、あぁ、来てよかったって思いましたね。

井上　就活で飲料メーカーの内定をもらった時、一番に佐久間に報告したんですよ。そしたらすっごく喜んでくれて。その会社のビールを佐久間のバイト先の居酒屋が取り扱っていることを教えてくれて、店に紹介してくれて卒業まで一緒に働きました。そこが毎年忘年会で集まっている居酒屋で、エピソードに溢れる場所になっているのも佐久間らしい。

高橋　そういう面倒見のよさはあったね。

面倒見がよくて、人を裏切らないヤツ

八坂　みんなで宿に泊まった時も朝倉が泥酔して宿の近くの浜辺で寝ちゃったことがあって。俺はもう置いて帰って寝ようぜ、って言ったんだけど佐久間に「朝倉が可哀想じゃん!」って怒られて(笑)。ちゃんと宿まで

佐久間が連れて帰ってた。

朝倉　やさしいよね。

井上　他にも泥酔してタクシーに乗車拒否されたヤツなんかも佐久間は介抱してて。

八坂　些細なことかもしれないけど、とにかく昔から人を見捨てないヤツでしたね。

井上　若くしてガンを患った同級生がいて。本人の性格もあってしばらく音信不通だったんですけど、佐久間は「アイツどうしてるかな」って気にしていて。SNSで検索したらしっかり元気に働いてることが分かって、みんなで安心したり。

八坂　自分の結婚報告をする時も、わざとらしいくらいに2人になるきっかけを作って、照れ隠ししながら話したりする。そんな人間臭さがありながら、決して人を裏切らないところがあって。強いられてたり、演じてるわけじゃなくて、どこまでもそういう人間なんですよね。正直、つまんないぐらい、いいヤツ。だからこそ仕事仲間とか、芸人さんからも信頼されてるんだと思いますね。

エンタメ作品の話をすることでお互いが救われた

――今はどんなやりとりが多いですか?

高橋　佐久間がメシを予約することが多くてグループLINEで声がかかったり。あとは時々エンタメ系のトピックも投げてくるんですけど、反応に困るくらいコアだからだいたいみんな既読スルー。

井上　エンタメ関連のネタは阿部が一番拾えてるよね。

阿部　僕にとって佐久間は一番のエンタメ仲間なんです。そもそもラジオ、なかでもオールナイトニッポン好きっていう共通点があったからぐっと距離が縮まった。当時伊集院光さんとか、電気グルーヴの番組のことはよく話しましたね。

八坂　阿部と佐久間がエンタメの話をすると誰もついて行けないっていう感じはあった。

阿部　人生がいろいろきついなって時も彼とエンタメの話ができたことがすごくありがたかった。僕はそれでずいぶん救われたんですよ。映画、音楽、演劇、文学、それぞれの専門家には負けるかもしれないけど、あんなにジャンルを広くカバーして情報をアップデートできてる人を他に知らない。

高橋　特にSF系はマニアックだよね。

阿部　僕は佐久間のSFの師匠だと自負してるんで（笑）。そういえば前もテッド・チャン（※3）っていうSF作家の文庫の帯文を書いたって自慢して来たんですよ。だからその作家の作品に関する自分なりの解釈を送りつけてやりました（スマホの画面を見せる）。

――LINEのやりとりではあまり見ないものすごい長文ですね……。返信はなんと？

阿部　来てないですね。

一同　この長文を既読スルー！

たとえ売れなくなっても俺たちがいる！

阿部　いやあ、こういうやりとりができるおかげで、お互い人生がだいぶ豊かになりましたね。だから、ありがとう。感謝してます。

朝倉　今も昔も、そしてこれからも変わらず友達でいたい、って思える存在ですね。

井上　横浜アリーナのドリエンライブ（※1）でステージに立つ姿を見た時は、スゴいなって思いましたよ。でもあえて言わせてもらうと太陽が頂《テッペン》に昇る時には人は寄ってくるけど、沈む時は離れて行くものじゃないですか。だから、佐久間には言いたいんです、「たとえお前という陽が沈んでも、俺らがいるから安心しろ！」ってね。

高橋 長渕剛さん風に表現するとね（笑）。確かに「もう時代遅れだね」なんて世間に言われる時も将来くるかもしれない。だから、今はとにかく健康には気をつけてと言いたいですよ（笑）。

井上 しかし、有名になったら天狗になったり俺が俺が、という要素が出てくるかと思いきや全然ない。本当に自然体。結局、佐久間はずっと変わらない。

一同 そう、体型以外はね。

注釈

※1 1997年11月、マレーシアのジョホールバルでサッカー日本代表がイラン代表チームに勝利を収めた試合。これにより、翌年の1998 FIFAワールドカップ本大会への初出場が決まった。

※2 1996年12月に首都リマにある在ペルー日本大使公邸が左翼ゲリラによって占拠された。翌年4月にペルー軍特殊部隊が公邸に突入。人質が解放され、4ヶ月以上に及ぶ占拠が終結する。

※3 アメリカの小説家・SF作家。作品の『息吹』（早川書房）が2023年に文庫化された際に帯文を寄せ、その喜びをXでも綴っている。

※4 2022年10月に行われた「オールナイトニッポン55周年記念佐久間宣行のオールナイトニッポン0 presents ドリームエンターテインメントライブ in 横浜アリーナ」のこと。

一部、雑誌『SPUR』内の連載「佐久間Pの甘口人生相談『え、それ俺に聞く!?』」の内容を
大幅に加筆修正して掲載しています。

佐久間宣行（さくま・のぶゆき）
テレビプロデューサー、ディレクター、演出家、ラジオパーソナリティ、作家。「ゴッドタン」「ピラメキーノ」「トークサバイバー！１・２」「インシデンツ１・２」「LIGHTHOUSE」などのテレビ番組、配信作品を手がける。2019年から「オールナイトニッポン0（ZERO）」の最年長パーソナリティ、「オールナイトフジコ」「伊集院光＆佐久間宣行の勝手に『テレ東批評』」のMCとしても活躍。著書に『ラジオパーソナリティ佐久間の話したりない毎日～佐久間宣行のオールナイトニッポン0（ZERO）2022-2023～』（扶桑社）や『佐久間宣行のずるい仕事術――僕はこうして会社で消耗せずにやりたいことをやってきた』（ダイヤモンド社）などがある。企画・出演・プロデュースを手がけるYouTubeチャンネル「佐久間宣行のNOBROCK TV」は登録者数200万人を突破（2024年6月現在）。

装　　丁　佐藤亜沙美（SATOSANKAI）
装画・挿画　ワタナベマリエ
校　　正　鷗来堂
構　　成　広沢幸乃
編　　集　浅田智子

ごきげんになる技術《ぎじゅつ》

キャリアも人間関係《にんげんかんけい》も好転《こうてん》する、ブレないメンタルの整え方《ととのかた》

2024年 7月31日　第1刷発行
2024年 11月 6 日　第4刷発行

著　者　佐久間宣行《さくまのぶゆき》

発行者　樋口尚也
発行所　株式会社 集英社
〒101-8050 東京都千代田区一ツ橋 2-5-10
電話　編集部 03-3230-6143
読者係 03-3230-6080
販売部 03-3230-6393（書店専用）

印刷所　大日本印刷株式会社
製本所　加藤製本株式会社

ISBN978-4-08-788099-1 C0036